ESPIRAL
HISPANO
AMERICANA

OBRA POÉTICA

Volumen 2
(1981-2000)

ANA MARÍA FAGUNDO

Edición de Myriam Álvarez

ESPIRAL
HISPANO
AMERICANA

Editorial Fundamentos está orgullosa de contribuir con más del 0,7% de sus ingresos a paliar el desequilibrio frente a los Países en Vías de Desarrollo y a fomentar el respeto a los Derechos Humanos a través de diversas ONGs.

Este libro ha sido impreso en papel ecológico en cuya elaboración no se ha utilizado cloro gas.

© Ana María Fagundo, 2002
© Estudio preliminar, Myriam Álvarez, 2002
© Editorial Fundamentos, 2002
   En la lengua española para todos los países
   Caracas, 15. 28010 Madrid. ☎ 91 319 96 19
   E-mail: fundamentos@editorialfundamentos.es
   http://www.editorialfundamentos.es

Primera edición, 2002

ISBN (obra completa): 84-245-0940-4
ISBN (tomo II): 84-245-0932-3
Depósito Legal: M-39.379-2002

Impreso en España. Printed in Spain
Composición Francisco Arellano. Asterisco
Impreso por Omagraf, S. L.

Diseño de cubierta: Paula Serraller sobre dibujo de Elizabeth Friend.

ÍNDICE

DESDE CHANATEL, EL CANTO
Sevilla
Colección Ángaro, 1981

COMO QUIEN NO DICE VOZ ALGUNA AL VIENTO
Santa Cruz De Tenerife (Canarias)
Junta de Publicaciones de Caja Canarias, 1984

RETORNOS SOBRE LA SIEMPRE AUSENCIA
Riverside (California)
Ediciones Alaluz,1989

TRASTERRADO MARZO
Sevilla
Colección Ángaro, 1999

ÍNDICE CON CITAS

Finale

DESDE CHANATEL, EL CANTO

*Lo que en ti es ilimitado habita en la mansión
de los cielos, cuya puerta es el rocío de la mañana
y cuyas ventanas son las canciones y los silencios
de la noche.*

KAHLIL GIBRÁN, *El profeta*

*Este libro es para ti, Nina, desde el Chanatel de siempre,
el de nuestra infancia conjunta.*

CHANATEL

Desde Chanatel, el canto es un regazo

Desde Chanatel, el canto es un regazo
de sueños dormidos en otros días.
Vuelven a despertar los años pasados,
la ventana sobre el mar, la lava, la isla.
Aquí se está desde la infancia donde el tiempo
ha ido poniendo trigos de horas sin fin.
Se está y se retorna, pasado en presente,
todo el afán en un momento de lápiz sobre papel.

Desde Chanatel el invento es vida que se palpa
y se sabe rotunda concreción de huella en el espacio.
Desde este ladrillo, este blancor de pared,
desde esta mesa frente a la ventana en torre
la vida se vuelve más suya, más ilusoriamente tenaz
y porfía por quedar —libros en los estantes,
sábanas de amor en madrugada, toallas de dolor—
porfía por quedar engarzando palabras que el
                                        [tiempo
no se lleve,
ahondando voces cuyos ecos no se pierdan,
pulsando timbres de júbilo que no se esfumen,
inventando sendas perennes para el viaje.

Desde Chanatel la vida empieza voluntariosa, porfiante,
tenaz como el ensueño;
cambiante, fugaz, imprecisa como el poema.

Desde Chanatel todo es ardiente desazón,
empeño permanente de isla en punta,
de ser que no quiere dejar de ser,
de pálpito de amor que quiere no dejar de amar
aunque la hierba de los siglos cubra todas las piedras
donde el hombre ha ido tallando su camino.

Te estrenas desde mi canto de tiempo, Chanatel

Te estrenas desde mi canto de tiempo, Chanatel.
Te estrenas, espacio señalado, cumbre,
amor de mis invenciones.
Te estrenas blanco y sobrio con piel oscura
marcando cuidadoso los caminos que abres
en esta llanura que no tiene isla,
ni lava ni ansia empinada de azul en las esquinas.
Aquí en este paisaje no tienes infancia ni horizontes
misteriosos que descubrir.

Aquí está todo dicho
en el cemento de la ciudad.
Aquí está todo marcado cada día.

Pero no es tiempo ni espacio lo que me trazas. Es vida.
Vida desde dentro. Vida desde este soñar despierta
en mi isla de siempre.

Chanatel, el diálogo es contigo, conmigo, con el universo,
pero no sé con qué palabras decírtelo
porque no hay palabras sino temblores esbozando vida,
cúmulo de ansiedades sin ningún rumbo preciso.

Sin embargo ahora sé por qué me inventé la luz,
por qué la isla adentro y la figura configurada de tiempo.
Sé por qué broté aquel primer brote
y por qué fui diariamente anotando su partida.

Te estrenas hoy, te estreno de nuevo
porque es la vida que quiere no pararse,
simular el movimiento,
seguir avanzando como si se pudiera revivir
la infancia, los gestos, la toalla, la risa,
la ventana abierta sobre el mar;
como si se pudiera, Chanatel, estrenar el amor,
vivir sin cansancio, sin repetición, sin tiempo.

Lo digo en Chanatel

Para Pilar y Carmen, en un Chanatel real.

Lo digo en Chanatel
como pudiera decirlo desde cualquier canto
que tuviera olor a cocina o a balcón sobre el mar
cualquier tarde de isla
o esta de ahora con niños peloteando jolgorios.
Lo importante, lo aliviador, es decirlo de alguna manera
porque la lava es la misma aunque ahora sea llanura
y un punzón de álamo corte el aire
que tiene y no tiene olas de palmeras
y azul de acantilado
y una punta erguida de isla para todo el horizonte.

Este canto también estrena su alegría
quizás diminuta,
quizás vacilante,
pero tiene algo de aquel hervor de falda
con pimenteras al vuelo

y barquitas de latón que querían alejarse de la isla.
Tiene esta alegría un son de niños amanecientes como
[trigos
y llanuras calcinadas de septiembre
y olmos recios y castillos
y una punta enhiesta como un sueño
en mitad del amor,
de todo este amor;
una punta desafiante sobre el mar,
un gesto que sigue, pese al tiempo, afirmando vida.

En Chanatel hay siete nombres

En Chanatel hay siete nombres,
siete faros, siete niños, siete islas,
el número mágico de la vida
que acusa golpes, que duele batallas,
que sorprende sesgos nuevos en cada arruga de tiempo
y se maquilla de alegría
inventando sombras para las cejas,
miradas distintas para cada paso
y un pico de energía para dar el sí.

Sí al siete de la infancia,
al mágico siete de islas
que asomaban entre nubes.
Ritmo de vida, Chanatel en alto,
en canto Chanatel,
              espacio de porfía para la soledad de siempre
(faldas y pimenteras al vuelo)
azul, azul para inventar la luz,
para correr el borde sin esquinas
y anillar cinturas de lavas.
Milagro de la piedra constreñida con color de noche,
de sangre,

de oro por las tardes
y abrir horizontes para la almohada del ensueño aquel
de ahora, de este aquí que no se rinde.

Chanatel, es el canto en tu regazo, en el mío,
que eres mujer como yo,
porque eres isla, mi isla,
la niña de entonces que contempla a la mujer de ahora,
la mujer de estos espacios que mira
a la niña de la infancia.

El ciclo se repite,
comienza la vida
como si el mar no cesara olas
y la arena no dijera espumas
y el cielo argumentara azules nuevos.

Amanece y es un canto

Amanece y es un canto
de ventana sobre el mar
e infancia en lava,
el mismo vaivén de ola,
la misma luz de palabras.

No importa saber si el ladrillo es roca
y si esta luz que se filtra por la ventana
tamiza un mismo cielo
y crea una brisa ya conocida de distancia.

Estás en este hoy transido el paso
que es de isla en el mar,
de lava en alto.
Es aquí y ahora donde en luz repica la mañana
y amanece

y se agrandan los perfiles de las palabras
con ternura en el hombro
y risas recién estrenadas.

Arde el hogar de ahora.
Se alumbra el hogar de siempre.

Mi casa es una alfombra volando al sol del mediodía

Mi casa es una alfombra volando al sol del mediodía.
Mi casa tiene ventanas, paredes blancas,
madera para las pisadas.

Mi casa es un estreno de isla.

En ella las palabras se deslizan sobre el tacto;
en ella la vida, paso a paso, va marcando su trayecto
de cocina, de toalla y de regazo.
En mi casa la vida se alza con su canto de horas
y sus arrugas de tiempo,
                              con su pugna de poema.

Los niños en mi casa cobijan cantos sobre los libros
y arenas recién nacidas que son islas
que se crecen sobre sus suaves geografías
y apuntan ternuras nuevas.

Yo tengo una casa blanca,
una isla blanca,
donde hay niños,
niños que estrenan la primavera
con rastros de juguetes abandonados,
voces de niño que en mi isla suenan
con faldas y pimenteras,
con albor nuevo de dicha

y un acento dulce que evoca muñecas,
pizarrines y papel.

Mi casa es una isla blanca con esquinas.

Chanatel es la marcha y el regreso

Chanatel es la marcha y el regreso,
es el confinar al tiempo entre dos extremos
que no se tocan
aunque la mano palpe la aurora de las sábanas
y haya un olor a lumbre por la casa
y hasta los pasos de la ciudad se sientan
dentro de la sangre.

Chanatel es esta marcha y retorno que no cesan,
es la vida que corta hojas, que tala ramas,
que arranca raíces, que violenta vientos, que siembra,
siembra siempre mientras cercena con golpes ciertos
los brotes más tiernos.

La luz desde Chanatel se tiene siempre entera:
todo el amor,
todo el dolor,
para que la vida siga dibujando su ilusoria silueta.

Cuando acotaron un espacio para mí

Cuando acotaron un espacio para mí
poniéndole ventanas, suelos, techos, paredes,
yo le di nombre un domingo luminoso de mayo
(pensador, platera, mon cheri, tomorrow,
trigos para el comienzo,
sueño de hogar perdido, recobrado).

He ido poniendo horas de cerámicas y libros,
de maderas y olor a cocina,
he ido poniéndole poemas al sesgo de cada día.

Este espacio mío ahora, mi nicho en vivo,
estará acotando el aire aquí cuando yo sea
terrón de tierra, guano fértil en alguna cuneta
donde nazca una brizna de hierba
                        con su lujo avaricioso de flor,
y habrá nuevos nombres que dar a los espacios,
risas nuevas, pasos nuevos,
nuevos amores entre estas paredes mías hoy,
mías mientras diga «vivo» y sea inercia de movimiento
y garabatee palabras que el viento se lleva
sobre el papel iluso de mis sueños.

Aquí llegarán otras ansias tejiendo impulsos de siglos,
creyendo que su paso permanece,
que estos huecos de ventanas y risas
seguirán con los mismos nombres
y creerán que nada nos prestan para el camino
(ropa, sustento, hogar, féretro)
porque no admitimos que somos senda yendo
y que el recodo no queda
ni la esquina nos salva del tiempo;
que no estamos nunca en ningún sitio,
que nada nos pertenece,
que todo es ir, ir, sin haber llegado antes a ninguna parte
y sin certeza de llegar a encontrar ninguna meta.

Vuelvo a decirlo: desde Chanatel el canto

Vuelvo a decirlo: desde Chanatel el canto
porque ya habíamos acumulado en el regazo
todas las pasiones del mundo

y sembrado en los confines todo el ardor
primero de la jornada
y el fruto se cernía seguro en las copas de los árboles.

El fruto en sazón nos esperaba,
aguardaba la mano deseosa que lo quisiera
para emprender de nuevo el trayecto por la vida.

Nada moría. Nada se había acabado.

Todo comenzaba con el canto.

Desde Chanatel el canto.
Desde la isla de siempre el sonoro batir del mar.
Desde la voz la palabra.
Desde la fe la esperanza.
Desde el fin el comienzo.
Desde el papel en blanco el poema.
Desde Chanatel esta alucinada cima
que escalamos a golpes de ternura,
a ramalazos de luz
que hacen cumbre y descubren cúspides.

Alzar el canto por las alfombras volantes
de todos los mundos.

Sí, desde Chanatel, la vida.

DUENDES

Yo he visto cómo crecían las piedras

Yo he visto como crecían las piedras,
cómo se erguían rojas contra la penumbra
y cómo se poblaban de niños las esquinas
en las tardes de juegos,
en esas tardes eternas de alegría
cuando los niños no crecen,
cuando parece que se ha parado la vida
y nuestras faldas ligeras se columpian en la brisa
y hay pimenteras con sabor a mar
y lava azul y plataneras flecosas
con sus racimos de dedos acariciando la isla.

Yo veo, hoy, un mar de piedra
donde atardece la rojiza algarabía de los niños
con un acento diferente.
Sí, son ellos —nosotros— los niños de siempre
soñándonos tardes que no tienen tiempo;
somos los mismos niños, esos que no crecen,
los que estamos ahora poblando de risa
la mar de otra infancia.

Hablo otra vez de los niños

Hablo otra vez de los niños,
de esos que en las horas del atardecer
enraciman algas de isla a mis ventanas
y rompen atropellantes risas por los balones del juego.
Son los niños de mi ahora, los de mi siempre;
llevan faldas de azul y cuerpecillos de retama,
huelen a sal
y son ásperos como la lava.
Todas las tardes juegan ajenos al tiempo
que cabrillea por sus camisas.
Yo los contemplo entre plataneras
desdibujando sus figurillas nerviosas
en encajes de cabriolas.
                                Son los niños que vuelven,
los niños que no se han ido nunca.
Los niños que centellean ojos que fueron nuestros,
pies y gestos que nos calzamos una vez
y que luego —en el camino— olvidamos quizás.

Hoy, en el recodo del tiempo, nos sorprenden con
                                            [sus juegos,
con su temprano estreno de la algarabía
y sabemos que han estado siempre con nosotros,
torpes en su primer intento de palabra
pero tenaces porfiando horas, clamando espacio,
creciendo anhelos, ansiando vida.

Son los niños cuyos patines de juego
no han resbalado todavía en el dolor.

En primavera los niños brotan
de los árboles como hojas nuevas

Para Jacinto Ramón y César.

En primavera los niños brotan de los árboles
                        [como hojas nuevas
alborozando gritos en las tardes de juego,
poniendo tras las ventanas jolgorios de espumas,
olor a trigo verde, sabor a tierra que se estrena.

En primavera los niños crean siluetas para la brisa,
perfiles nerviosos por donde corre cierta la vida,
la vida asegurando su permanencia en los niños,
subiendo la cuesta de los días más largos con brazadas
                                          [de luz;
la vida alerta, palpándose, soñándose,
haciéndose más amplia y más profunda
porque los niños cantan sus juegos por las tardes
y el sol no quiere irse,
porque los niños siguen su rueda de risas
entrecruzando las siluetillas confusas en las eras
donde el verano granará el trigo
y ascenderá el pan sobre la tierra.

Los niños en primavera son cepas que rebrotan
sus verdes vinos por las llanuras,
son rebaños de sol que mordisquean la hierba,
son la leche fresca en las veredas de los cielos.
Los niños en primavera son la vida que se niega
a dejar de ser vida y se eleva gloriosa en la penumbra
afirmando su luz perenne sobre la tierra.

En Londres en primavera yo espero a que las mujeres

En Londres, en primavera, yo espero a que las mujeres
aborten a sus orgasmos de marzo que proyectan
                              [hacia abril
una pelusilla verde como la de los árboles.

Son mujeres que han nacido igual que yo,
es decir, son árboles que rebrotan sin sentirlo
en esta época del año.
Ellas no han hecho el amor.
Ellas son vírgenes que cara al cielo han bebido la luz
y vienen a Londres desde otros países a dejar aquí
sus tímidos intentos de pasiones,
los hijos,
para que la ciudad, esta ciudad harapienta,
sepa que hay luz en los vientres del mundo
y que sus mujeres extranjeras de Londres
plantan contra el no cielo de Londres sus no hijos
                              [de Londres
y que traen aquí la primavera
a cambio de noventa libras y exámenes médicos
y clínicas como hotelitos silenciosos en la campiña
                                   [inglesa,
la hermosa campiña verde y húmeda donde no corren
los niños en las tardes de juego
y no hay luz;
              hotelitos cómodos para el silencioso
fluir de la sangre que no verá nunca la primavera.

II

Yo espero en la sala de visita.
Yo espero en un pub cualquiera.
Yo espero en el museo británico.

Yo espero en una habitación de hotel modesto
a que sean las cuatro de la tarde
y me digan que las mujeres han abortado a sus hijos
y que están dispuestas a volverse cara al cielo,
al cielo de sus respectivos países,
a ver si se produce otra vez el milagro de la primavera
para venir de nuevo a Londres el próximo año
con unas libras más por lo de la inflación
y brotar hacia el no cielo de esta ciudad
esa pelusa verde que simulan en abril los árboles.

III

Sigo pensando en Londres quizás porque soy mujer
o porque creo estar en una habitación de hotel
y cien mujeres, mil mujeres,
un millón de mujeres cara al no cielo de Londres
abren sus piernas de entrega
                              y los niños corren huidos
en óvulos y semen.

Es primavera. Lo dicen los árboles
y este verde suave del césped
y los colegiales grises como el no cielo de esta ciudad.

Está bullendo la vida. Las abejas hacen el amor.
Y los árboles brotan amorosos.
Y la luz amorosa los abraza.
Y los coches amorosos entrechocan
el ruido incesante de sus motores
y la ciudad oscura se estremece sacando niños
de las esquinas y tirándolos al sol tibio de estos parques.

Están viviendo muerte,
muriendo vida, óvulos, semen,
penes y vaginas al sol de la primavera.

¡Qué pobre luz entre las manos vacías!

IV

A Londres van mujeres a descargar el semen de sus
                                                    [pasiones.
El proceso es incómodo y costoso
pero ellas, animosas, van poniendo en los harapos
de la ciudad un río Támesis distinto.
                        Dejan sus óvulos fecundados
colgando de los árboles
                        y tienden de la tizne de las casas
las lágrimas medrosas del hijo no deseado.

Yo las he visto en las salas de espera.
Yo las he visto en los sótanos de consulta.
Yo las he visto en los hotelitos de los nursing homes.
Yo las he visto apaleadas por el miedo.
Yo las he visto aliviadas, primaverales, triunfadoras
alejándose del inoportuno semen
y del tenaz óvulo de sus orgasmos.

Escalofríos de placer suenan como una mueca
por las calles de cualquier londres del mundo.

Uno a uno a golpes de poema fuisteis creando los nombres

Uno a uno a golpes de poema fuisteis creando
                                            [los nombres.
Eran tacto de piel que se estrenaba
y gajos de luz que alzar podían sus brazos a lo más alto.

El universo de nombres lo poblabais,
de señas, de huellas, de gestos vuestros
que alzabais a las cimas más cúspides del canto.
Era el gozo inmarchitable del estreno
e ibais, tacto a tacto, en lo más hondo,

creando caminos,
                        abriendo ternura entre los abrojos
de la tierra.
             Erais seres únicos
que os soñabais a vosotros mismos. Seres dioses de amor
que transitabais de vida todo el cosmos.
El cosmos era vuestro en siete nombres como islas,
como estrellas que blandían sus cuerpos de luz,
vuestros cuerpos,
creándoos poemas,
poemas humildes en los regazos del mundo,
poemas para amar pese a la noche.
Y vencíais a la noche. Y erais el albor de la mañana.

II

Erais el albor de la mañana a pesar del filo de la noche.
Pero hoy no sois.
Hoy los nombres se borran en las esquinas,
no encuentran faros que los reborden ni luz que los
                                      [retenga,
no hay silencio de monasterios que los colme
con su música sosegada y su suavidad de lluvia.
No hay alikavetos blancos en cuyas cimas
aún puedan alzar su canto
                         y no hay saldalwood a media noche
ni aroma de poema entre los labios.
No hay labios ni tacto que los evoque.

Se fueron siete nombres como niños
                              tras una sangre cualquiera.
Se fueron irremediables
                            y vosotros
que los acunasteis en vuestros hombros
hoy no sabéis por qué se fueron,
ni sabéis decir qué fueron,
ni sabéis nombrar sus siete nombres.

Has abortado siete nombres

Has abortado siete nombres
que podrían ser siete cimas de luz,
siete faros, siete tactos de piel en vuelo,
siete islas.
Has abortado lluvias, ciudades blancas,
tibior de manos enlazadas,
baños de reinas romanas
amaneciendo barcas.
Has abortado la posibilidad de la palabra
esa que te inventas siempre,
esa que va, letra en ristre, a tu zaga
cuando todo se oscurece
y crees que se desmoronan las cimas
y no hay algas que recoger en la playas.

Está ya todo dicho porque te faltan
siete nombres que ya no recuerdas,
que no sabes cómo ponerles alas
para que oigan la voz con que te vives.
Te has abortado a ti misma con la amnesia
de siete cimas derribadas
y por eso a tientas te arrastras huérfana
de todos los recuerdos.

En Londres los hijos de óvulo y semen

En Londres los hijos de óvulo y semen
abortan a sus madres sobre las aceras rojas
mientras siete niños se suben a las altas
copas de los árboles como si fueran de primavera.
Yo los contemplo huérfanos de madre,
huérfanos de padre,
apenas débiles simulacros de orgasmos

estremeciendo la hierba de los jardines
y busco sus balones de juego,
sus muñecas de ilusión,
pero no hay nadie que me diga qué niños son éstos
que no juegan en las tardes grises
de esta ciudad gris en primavera.
Busco a sus madres por si sus regazos
supieran acunar algún intento de niño,
alguna simulación de abrazo
que pusiera calor de sol
en la oscura humedad de estos parques.
Pero no, los hijos han abortado el óvulo y semen
de sus padres
                y se han quedado solos y estremecidos
como cualquier orgasmo en primavera.

Sobre Estambul, ciudad cloaca del Bósforo

Sobre Estambul, ciudad cloaca del Bósforo
se ciñe una tarde de sábado suave
con luminosidad de atlántico en isla.
Los niños juegan en la lava rocamar
de plataneras al fondo,
arde el sueño de infancia
y en la alegría inconsciente de los niños
cabrillea el tiempo riéndose
como si él también fuera pequeño
y tuviera una infancia de mar
que llevarse a la boca esta tarde de ciudad sucia
con harapos tiznando todas las esquinas del sueño.

Los niños juegan ensayando formas de júbilo
contra la luz;
las madres, figuras vigilantes, los contemplan
y por su piel de tiempo la ternura se asoma.

Es un canto tan íntimo como el de la ola
y la lava de esta isla.
No se sabe quién nació a quién en esta geografía del amor:
ola o lava,
madre o hijo,
              unísono enjambre de alegrías esta tarde
de isla al fondo en un presente de cloaca
que el sueño tenazmente niega.

Yo he visto niños salir de las cloacas de Estambul

Yo he visto niños salir de las cloacas de Estambul
limpia
        la mirada,
huidizos los cuerpos,
acechando el gesto de la mano que pide cualquier cosa.
Los he visto encorvando las espaldas
bajo el peso de los adultos que no tuvimos
nunca en cuenta la niñez de los niños
y ellos, adultos a látigo, serpentean su infancia
por el zigzag harapiento de las calles.

No sé si estos niños tienen madre,
si sus madres son esos bultos de trapo
que tambalean fatiga por el gran bazar;
esos bultos que llevan debajo mujeres oscuras
que se inclinan como un parto bajo el peso
de los pobres harapos:
                    esos hijos nacidos
                    para las cloacas de la miseria
                    en cualquier estambul del mundo.

A lo largo del Nilo yo voy llorando

A lo largo del Nilo yo voy llorando
mi calzón corto, mi suéter, mi cámara fotográfica
y mi gorra turística.
Voy llorando moscas en los ojos de los niños,
moscas en sus pequeños labios negros,
moscas en los cactus de sus manecitas,
esas manos callosas de los niños egipcios
que piden cualquier cosa.
Yo voy llorando sus pies descalzos,
sus cabezas malolientes.
Yo lloro esas estatuas hieráticas
que miran como nosotros a los niños
con la indiferencia de los siglos.
Pero ellos, los niños, se vuelven mendigando
cualquier pan
y nuestras cámaras fotográficas
los evitan
porque las moscas de sus ojos,
las moscas de sus manecitas,
las moscas oscuras de su miseria,
pueden ensuciar el nítido cristal
de nuestras artísticas fotografías.

Yo no he pedido ser mujer

Yo no he pedido ser mujer
para llevar todos los niños del mundo
                              sobre mi pelvis.

No quiero sus bocas tiernas como alas
succionando mis pechos
ni su tacto de mar en madrugada
imantando mi gesto y mi figura.

No quiero sentir estos mil vuelos del dolor,
estas mil plumas de la dicha entre mis huesos.
Yo no quiero ver tantos niños picoteando
                                    moscas en la mirada,
niños rotos, sin risa,
                        oscura la infancia,
sin saber nada del llanto,
                            nada de la alegría.
Yo no quiero ser mujer
                        ni llevar sobre la pelvis
a esos niños-miseria
que sajan las calles
de esta ciudad pobre, de este país pobre,
de esta pobre mujer que da a luz hijos,
que arroja a la basura criaturas blandas
como las nubes.

Yo grito que aquí no quiero ser mujer,
ser madre de estos hijos
que cercenan los vientres con los cuchillos
de sus ojos acorralados.
Dejadme ser cualquier otra cosa,
loto o papiro,
agua cenagosa del Nilo;
dejadme ser humilde ladrillo de adobe que se seca al sol.

Pero no es culpa mía haber nacido mujer

Pero no es culpa mía haber nacido mujer,
llevar en el útero la vida.
Yo no he pedido crear infancia,
acunar dentro del cuerpo el universo
y darle forma de hombre, de mujer,
continuidad de tiempo.
                        Yo no he querido ser creadora

del jolgorio de balones y muñecas,
del empuje ilusionado de los siglos.

Yo no he querido ser madre en esta tierra
y en tantas otras tierras donde los niños,
animalillos acorralados por el hambre,
picotean pelotas de juegos
como moscas sobre sus cuerpecillos desnudos
y caminan cardos por sus maltrechos pies
que aún no saben que estrenan camino
pero sienten ya las agujas del dolor

                                        clavándoseles.

Niños que no entienden,
que no conocerán jamás libros
ni caramelos,
niños que no llegarán jamás a ser niños.

No he pedido ser mujer.
No lo he pedido aunque se me rompe
desde el vientre
la miseria indiferente de estos hijos.

Te persiguen londres, estambul, nueva delhi, chicago

Te persiguen londres, estambul, nueva delhi, chicago
con sus niños-miseria, sus niños-fatiga,
                            [sus niños-probeta.

Hay una luz cruda sobre la mitad de la tierra
y los niños se fecundan en tubos de ensayos
y las madres los recogen
inyectándose amor químico
entre las piernas.

El niño es puro.
Es químicamente perfecto.
Un niño que jugará balones y muñecas por las tardes
y crecerá trigos en llanuras de primavera.

Un niño que aprenderá escuelas y travesuras
                                    de isla en sueños.

Rescata tu paz que nada se pierde
por las sendas, aunque abril aborte niños
y junio los haga miseria
y agosto los saque puros de las probetas.

Largo trayecto de primavera y mundos

Largo trayecto de primavera y mundos
para llegar a este recodo en que la vida
destruye por amor la vida
y va poniendo en cada hoja de verano
la sequía del tiempo.

Arrugadas ropas secando la invención de la luz
y delante un hueco para llenar de gesto,
un inmenso vacío donde retumban las palabras
                                    [de siempre:
isla, lava, retama, mar.

Consumado es dentro de tu sangre
y la vida se rompe,
se rompe la luz que tú creciste para tus sueños.
Y no basta con que lo digas titubeando palabras
ni que lo sientas
como un sesgo de tarde en tus pestañas;
tampoco vale que lo subas a la cima de tu mejor estar.

Hoy consumas tu creación,
te haces a ti misma,
te destruyes
con la misma impasible tenacidad de la hierba
entre las piedras talladas de los siglos.

Porque eres isla y el mar tu eterna falda azul

Porque eres isla y el mar tu eterna falda azul
te habías inventado las siete cimas
para llevarte de alas a la cumbre
y te habías inventado la luz
para llevarte en cumbre de alas
pero no habías probado la distancia de no ser isla,
de no ser falda azul en lo más alto
y no sabías de otras luces tenebrosas,
de otros números no mágicos,
de otras formas de ver la luz, las alas,
                                    la falda azul del mar.

Hoy tu isla no ha olvidado que tuvo nombres,
que fueron siete los tactos de la vida
aunque no recuerde la identidad de sus miradas,
sus pasos suaves de niño,
su ternura de brisa,
su calor puro de estreno.

Pero queda un suave roce de barca
que se aleja, horizonte adelante,
hacia otra luz de madrugada.

VÉRTIGO

Porque el ser es un mar
ilimitado e inconmensurable.

(KAHLIL GIBRÁN, *El profeta*)

Y vuelve la palabra

Y vuelve la palabra,
el retorno de siempre
para vibrar, para cantar en son
de luz de aquellas mañanas
cuando el despertar era horizonte
y había que forjar rutas sobre la mar,
rutas que siguen siendo de ayer
y tienen pauta de futuro.

Vuelve la palabra
con la que el ir tiene su justificación
y las puertas se abren para el sueño
en un agosto de cualquier estambul del mundo
con pasos de ruleta y calor de cuerpos
que no acompañan, pero su olor de presencia inunda
una luna llena de bósforos.

Caminan risas y frases que no se oyen,
trasiegan miradas extrañas
a la luz limpia de esta noche de unicidad
para la marcha
        y se marcha
        y se ajenan los bordes de los seres
cuyos ecos rodean el caminar.

Hoy azulea la luz única de la palabra y nace
                              en un eco conocido
la altura del despertar sin tiempo.

Buscarte por los recodos de las horas

Buscarte por los recodos de las horas
y acariciarte, sabia emoción de los tactos,
y sentir tu cuerpo huidizo, lejos, ausente,
pero buscarte,
                    perseguir tu nombre,
recorrer las sábanas de los espacios
                                  y tocarte
tocarte suave, rudamente,
palabra tras palabra, temperatura en alza
con el tacto del bolígrafo sobre la piel
                                de la página en blanco
y ya eres hombre
y ya eres mujer
y ya nos tenemos en abrazo,
en escala triunfal.
Ya nos amamos.
Cada tacto un temblor,
cada temblor un salto de cumbre
y llegamos desnudos a la cima
y ya es nuestra la voz
y ya la tenemos en el sudor de las letras
en el clamor de la palabra.

La toco en mis resquicios y sé que dice canto

La toco en mis resquicios y sé que dice canto,
que dice dolor;
sé que me hace entendible su humana armadura
y sé que le hago —os hago— visible mi ser
junto a la orilla.
                Pero tampoco es así. La palabra
despide toda posibilidad de acercamiento,
toda proximidad de la ternura.
                      Lo sé. Yo la trabajo.
Yo la tuve siempre entre las cejas y codo a codo
en la lucha.
¡Cuántas veces le he hecho el amor, cuántas he sido
su poseída,
mi amante no entregada nunca!
Amarla ha sido mi gloriosa desdicha
porque le he concedido forma, le he dado armonía
y he creído crear un universo,
ese universo que sabemos no existe aunque mi palabra
lo nombre
y yo diga que hay luz con ribetes de alguna
                    [trasnochada alegría.

Qué absurdamente tierna acude a la cita de esta tarde
sobre un balcón de mar en el crepúsculo.
Dan ganas de hacerle decir en ritmos
que rompa olas en la albura de la dicha
que el amor se viste de luz
como si el son sintiera qué es la vida,
que la palabra existe,
que transita alborozada sangre
entre mis dedos de bolígrafo por la página.

Absurda palabra. No tienes más valía

que este polvo azul o esta tenaz porfía de los años
que llevo diciéndote que existe.
Palabra, existes.
Palabra, no existes.
Estás y eso me basta.
No estás y te persigo.

Atardecer en este espacio configurado

Atardecer en este espacio configurado
es sentirse por dentro de la sangre
en cúmulos de otros tiempos repetidos.
Vida o muerte, dos nichos al fin iguales,
el del espacio que ocupamos en movimiento
y ese otro que nos tocará en yerto
cuando el gesto no sepa decir qué ha sido.

No es tristeza la de la voz en remanso,
se articula desde el temblor de la luz
y desde el fulgor de la tiniebla
donde se crecen incesables las ondas
y se repiten.
Pero ese es movimiento pausado,
ritmo lento, que sabe que se está midiendo
su propio caminar.
En la llanura es así, el reflejo
de todo lo que ha sido amor de madrugada
y dolor sajando los pulmones del misterio.
Y sin embargo
la palabra canta, sigue cantando
aunque su ritmo no dilate ni se extienda
para cubrir espacio
ni cree tiempos sin confines.

La palabra sigue diciendo de su llanura de ahora,
de su cumbre de antes,

de su foso de otros momentos.
Sigue la palabra batiéndose en el misterio
de desconcierto de cuerpo yendo.

La luz ha sido tan justa, tan sentida

La luz ha sido tan justa, tan sentida
como ese garabato de muerte en la tiniebla
y hoy quizás con el tiempo estrenado tantas veces
los extremos se toquen en el centro.
Es el centro el que trae los sesgos
de este canto nuevo
pero cuesta admitir que es el llano equilibrado,
inconsecuente, el que lleva los pasos más seguros
los pasos que no corren ningún riesgo.

La tiniebla cayendo como un mar sobre el lecho
y el aire todo dolor, todo herida al viento.
Crujir así no es ya fácil por muchas muertes
que sigan a la primera.
La primera es la única,
la que saja el tibior más íntimo de los momentos.
Todas las tinieblas siguientes ya no cuentan
aunque sean catorce en sábado
y tengan pulmones que se ahoguen.
Todas las muertes son una única muerte.

Y la luz es igual;
nos la inventamos para sernos
de amor hacia la cima.
Lo demás no ha existido.
                    Amor yo te he inventado.
                    He inventado tu suave devenir,
                    tu paso claro, tu ala con perfiles,
                    tu hermosura.

Pero fue necesario lo creado,
el poema, el número mágico.
Fueron precisos luces, faros, entonces, lunas,
lluvias, monasterios,
altas cumbres donde forjarse la belleza.
Fueron imprescindibles el trayecto y el invento.
Hoy solo queda abrir los brazos
para que cundan con las flores
las púas agresivas de los tactos.

El equilibrio es la llanura.
Por ella también se va.
Por ella caminamos.

De madrugada el amor poblando con sus ritmos

A Mary Carmen. A Lucía.

De madrugada el amor poblando con sus ritmos
el silencio del mundo,
amaneciéndole a la noche fulgor de mediosdías
para los tactos nuevos que estrenan horizontes
y cubren la noche con un canto
de semilla ávida de surco.

El amor haciendo y deshaciendo las formas
de los cuerpos en ritmos ascendentes de cúspides,
de vida en lo más alto,
escalando las cumbres permanentes de los espacios
y amortiguando el caer de las horas.

El amor fatigando de entrega los júbilos
para que la mañana nazca entre las sábanas
y un fulgor de dios anclado en la alegría
diga de su fugaz estar,
diga de su ilusoria dicha.

A veces el silencio no sabe hacer canto

A veces el silencio no sabe hacer canto
con las tardes que se pueblan de niños.
Todo el llanto en las esquinas no es azul
ni se mece en las arenas;
no tiene el agua de mar que era su canto
ni el cabrilleo de luz que era su risa.

A veces la voz se rompe en grietas
por donde asoman oscuros los instintos.
En la brisa no se mece una hoja
ni hay ranuras de hierbas entre los días.
Ponerle al pulso alas, al gesto armonía,
a la palabra el encanto de la voz,
a la almohada del descanso sabor a mar,
a la toalla y al jabón son de horas,
a veces,
no es posible.

El tiempo ha dejado su costumbre
olvidada en un rincón.
Suena a dios ido.
Se agranda la casa.
La casa sin recodos
y sin esquinas.

Mi paso formándote ha sido largo y arduo

Mi paso formándote ha sido largo y arduo
pero estás llegando desde dentro a la cumbre
que nunca coronaremos.

A mi lado vas,
te siento el paso,

tu vibror entre mis senos de isla;
te sé cercanamente lejos
y hasta a veces alargo el sueño
y te toco varonil en mis recodos.

Te formo desde el lápiz sobre el papel
hasta más allá del beso en madrugada.
En las sábanas del tacto dejas tu huella.

Sé que te tengo tan mío,
tan en mi centro,
como mi propio caminar de ser en pugna de misterio
y, sin embargo,
iluso tú,
yo,
nosotros,
este universo que enjuga nuestra limpieza
de ducha y de jabón.

Pero te formo consciente de que me existes,
de que te estoy existiendo
porque creo la concreción del beso,
de un libro a medio abrir,
de un pitillo que no se sabe fumar,
de unas sábanas para el descanso.

Sí, nos formamos hacia una cima que no sabremos
coronar
pero seguimos pugnando,
cúspide en ansia,
como si en ello nos fuese toda la vida.

Aunque vengas poderoso fulgor

Aunque vengas poderoso fulgor
de luz entre las venas

y rompa la ola en punta de tu ansia
su blancor entre las sábanas
y digas palabras de aurora
y hagas finitas las distancias,

> no estás,
> no estás,

no has estado nunca aquí en mi almohada,
ni tu cuerpo ha modelado de agua fresca
> mi toalla
ni en la casa han latido jamás tus pulsos
abriendo brechas de esperanza,
oyendo que el gesto habla,
que el silencio dice palabras,
palabras que son universos que laten vida,
que afirman confianza.

Pero no has sabido nunca cómo se llaman las horas
que filtran versos sobre mis páginas,
estas páginas que no conoces,
que no sabrías leer cara a la mañana.

Tú no estás.
No has estado nunca.
No has sabido jamás cómo se llama el pulso
que vibra en tu pulso,
la entrega que recoges en tus peñas altas.
No sabrás jamás que hay otra ansia en cumbre
de isla amaneciendo a tu lado.
No estarás nunca
aunque irradies fulgor en mi almohada
y rompas olas en mis espumas
y vibres temblor en mi palabra.

La soledad resuena abriendo brechas en las paredes.
Cojo entre mis dedos sus hilachas
y tejo la ausencia de siempre:
> unas tras otra, lentas, difíciles,
> se van entregando las palabras.

La falda revoloteaba tus pocos años

La falda revoloteaba tus pocos años
aquellos de cuando los cuadros de señoras
lánguidas con palomas en las manos,
los cuadros de pavos reales con picos de flores,
los cuadros húmedos de sombra
en la galería de las tardes;
abuela y costura en el patio,
olor a café por la casa
y las palabras de siempre entretejiendo
reglas de mujeres en tus juegos.

Eran los años en que te crecían
trenzas mojadas de escuela y pizarrín;
los años cálidos de tablas de multiplicar,
tinteros y pupitres.
Y tú multiplicabas la luna por las estrellas,
ocho por ocho,
retama por lava,
picón por zahorra,
y te crecían tomateros verde-rojos de sorpresa
entre tus manos de niña.
Se multiplicaba el olor del café de los mayores,
las agujas de zurcir,
las pelotas y muñecas de los juegos
la bullente calle de infancia.

Hoy un cuadro de entonces,
pavos reales, palomas, mujeres lánguidas,
en una casa cualquiera
galopa a grupas de punzantes pátinas de recuerdos.

Tú sabías lo de la isla

Mástil de soledad, prodigio isleño.
GERARDO DIEGO

Tú sabías lo de la isla,
su punta desgajada,
su lava intermitente,
su canto, su porfía
llenando de ansiedades los recodos de las playas.

Sabías lo del amanecer que no fallaba nunca
aunque la noche hubiese alimentado tormentas
(¡cuántos rayos caían;
los sesgos de sus timbres
cacheteando el espacio!).
Pero nadie te dijo nunca que tu nacer era la isla,
que la vida cuesta arriba tenía pico de isla,
que la cima, aunque nunca se corone,
se ansía siempre; que la isla
era tu amor, el amado que nunca se conquista,
el amado cuyo cuerpo se te escapa
                        y no hay relieves
que puedan contener su geografía.
Por eso hoy vuelves a decir lo de la isla
como si descubrieras de pronto tus manos
acariciándole poemas a la página
y no supieras irte hacia el amor,
                        escalar la cima,
temblar con el tacto de retama,
                        de lava constreñida,
de mar bramando faldas;
como si no supieras que la vida
es este ir en pos de cualquier canto
y que hay de todo en la escalada,
pedruscos que se clavan, retamas que florecen,
zahorras súbitas que se anidan en las venas

porosas, ingrávidas,
blancas como la luz de amanecida.

Te lo sabes. Te lo has sabido siempre:
El mar, la isla.

Tres muertos de mi sangre andan ya por los caminos

Para mis tíos Nicolás y Mercedes.

Tres muertos de mi sangre andan ya por los caminos:
Ana, Ramón, Santiago;
azul de ojos en mi recuerdo
                              y una isla al fondo
con lava y retama
                          como en sueños.

Bulle la vida en los recodos del tiempo
                                  y mis pocos muertos,
este puñado de momentos en mi memoria,
acuden hoy a no saciar mi sed de presencias
con sus gestos únicos, intransferibles.
Cada uno ocupando en mi esquina su recodo,
su distancia ya insalvable;
sin embargo, yo les sé cerca,
al otro lado,
detrás del biombo opaco que me cierra
la voz del mar con que los llamo.
Los oigo allá dentro fulgurar ternuras suyas:
formas de poner el cuerpo, de reír,
de decir su huella,
maneras sutiles de quedarse yéndose
para que nuestros vacíos sean menos huecos
y sintamos, o creamos sentir, que nos habitan,

que sus pasos se unen a los nuestros
                                    que hacen isla
y caminan mar.
Vamos menos solos quizás
                        porque su tacto de recuerdo
aviva calor de hogar a nuestro desaliento
                                y palpamos vida,
la vida que ellos crearon con su sangre al vuelo
y sabemos
que el canto engendra canto pese al yermo batir
de los cuchillos
y al granizo de sal que pesa en nuestros pechos
cuando no podemos decir de la palabra
ni aupar la luz hacia la cima.

Hoy yo quiero desde mi paso en la llanura
levantar el mar hasta la cumbre
para que el canto sea nube cimera que vuelva al mar
y abrace a la isla,
la isla donde sus cuerpos yacen sin voz
                                    y sin esquinas.

El pulso de las horas vibrantes en las esquinas

                            Para Elena Andrés.

El pulso de las horas vibrantes en las esquinas
en junio o abril a mediodía en otra esfera,
en otro ser que estampa luz crujiente
para este tacto de la vida;
y comprobar que nada se concreta,
que la luz no tiene más perfil que un ocaso,
que la palabra se esfuma desde el papel hasta la brisa.
El poema tampoco puede ser,

55

tampoco tiene forma ni existencia
compacta en ningún ángulo.
El beso, ¿dónde? la huella, ¿dónde?
la permanencia, ¿dónde?

Crujir hueso. Afirmar sangre. Tocar pálpito.
Decir «se es», «vivimos», un son perdido desmoronándose
aunque pugnemos palabra y queramos retener perfil,
figura, gesto.

Sólo queda piedra en hierba vulnerada,
débil rasgo de sol queriendo restallar vida.
Mi trazo, el tuyo, el vuestro, olvidados,
no han existido jamás.
Nadie sabrá que hemos sido,
que hoy mi papel, mi pulso ilusamente se yergue
y dice «vida», «soy», «confirmo mirada», «afirmo perfil»;
inútil, inútil sol en mis resquicios.
No estoy. No hemos estado jamás.

Y sin embargo, tenaces porfiamos siglos
de historia y dejamos marcas para que no nos pierdan
en el camino;
ilusos, poderosos, niños todos,
patéticos dibujos que hacemos en la brisa,
juegos infantiles de universo fabricado a
imagen de nuestros cuerpos.

Vamos maravillosos huérfanos del absurdo
creyendo dejar huellas perennes, cultura,
soplo de nuestro ser eterno en el camino,
pobres desmoronados, deshilvanados,
deshilachados trazos agolpando vida,
retumbando oquedad,
retumbando vacío.

Junto a esta mole de piedra la vida

Junto a esta mole de piedra la vida
se está maquillando arrugas,
es un artificio como otro cualquiera
para poder engañar a las horas que cuentan
fláccidamente a los músculos su canción de tiempo.
Y yo pienso que sobre este cuerpo todos los mares
han abatido su oleaje
y han dejado la resaca de sus algas en los huesos
y han limpiado la piel para que la ola
estrene la primera arena de la madrugada.

Pienso que el movimiento del mar ha hecho esta lava,
su áspera negrura y su crispado tacto
para que la entrega fuera total y dolorosa.
Sé también que hay retamas entre las peñas,
que el cuerpo aunque fláccido el músculo
y roído el hueso,
seguirá lava adentro ásperamente sereno
no admitiendo nunca que su frágil perfil
es polvo, brisa, hoja seca en el viento.

Sé que el cuerpo roca adentro seguirá
punzando recuerdos, inventando vida,
creando sueños de amor,
poemas que ilusoriamente serán huella en el camino
y abrirán camino
y dirán que son el infinito,
que su cuerpo no cesa,
que no hay arrugas de tiempo que tallen su voz,
que no hay misterio porque ellos son el misterio,
que no hay más palabras que las suyas de humildes
hacedores de mundos sin objeto.

Conmemora la fecha sus rigores

> *In the thisledown fall,*
> *He sings towards anguish.*
> DYLAN THOMAS

Conmemora la fecha sus rigores
sobre la piel y el canto que yo era
cuando en retama la voz se me subiera
de la falda a la cumbre en mil amores.

Era yo perfil de lumbre en las alturas,
era yo piel de mar en las arenas,
era yo fiel reflejo de colmenas
que en panales de miel daban su albura.

Joven yo con isla y canto, retama y mar,
alborozada estrenando lava y luz,
orgía y llanto sobre un volcán encendido.

Y hoy no sé si el nido es un llanto
de pájaros de invierno sin sentido
o es un nuevo canto en la llanura del camino.

He vuelto pero no he vuelto

He vuelto pero no he vuelto.
No he querido encontrarme con tus pasos,
ni con tu toalla, ni con tu jabón;
no he querido oler la infancia de tus cigarros,
ni tu risa, ni tus gestos cuando el periódico,
ni tus entusiasmos por la vida.

No he querido recordar las letras
que fuiste desgranando sobre mis manos de niña,

ni la pizarra de tiza,
ni los mapas,
aquel de América
el de la foto de escuela de los años cuarenta.

Estoy aquí pero no estoy.
No recuerdo ni el puerto
con su paseo de mar batiendo rocas
ni el parto de la comida
cuando el balcón era todo horizonte
y tú hablabas del extraño señor
al que llamabas dios.
Tampoco entiendo lo de la muerte
que tú explicabas
(cemento y bronce,
emparedado,
sin sol,
sin prado,
sin mar,
sin monte,
sin retamas,
ni plataneras;
nichos con fechas,
nichos con nombres,
nichos blancos,
nichos cerrados,
nichos sin luz,
nichos olvidados de los hombres).

He vuelto pero no me he ido.
Me fui y no he vuelto.
El picón, la lava, la zahorra,
la tierra de esta tierra que piso,
la sangre que pusiste con nombre
para que fuera tu ansia de vida
se yergue en la isla que te desconoce,
en la isla que ignora que estás aquí,

que has llegado sin venir,
que no te has ido nunca.

La isla no sabe que estoy escribiendo en sus nichos
tu nombre
y que un eco de siempre persigue mis pasos
y grita en barrancos, laderas, rocas;
                maestro,
                      amigo,
                            padre.
Absurdas palabras que no tienen toalla, ni jabón,
ni cigarros, ni risa,
ni aquel extraño señor dios;
palabras que no llevan foto de escuela de los años
                                 cuarenta
ni pizarrín gris para escribir,
«se muere todo».

Están cayendo sobre los mantos piedras

Están cayendo sobre los mantos piedras,
sobre las piedras hierros.
Cortantes tajos de sueño sajan la tierra.
Están rompiendo piquetes de ruidos
el caos de las cunetas.
No hay sol que pueda iluminar tanta confusión
y llanto,
no hay sendas claras, cimas altas,
cometas de ilusión que suban cuestas
y coronen de armonía la silueta
de esta pesadilla negra
que tiene forma de tierra,
que tiene color de tierra,
que tiene olor a tierra,

Están repicando en estas sendas siniestras
que no llevan a ninguna parte.

¡Que canten a brío todos los pájaros!

¡Que vengan en alborozado bullicio todas las flores!

Que la tierra no se seque con hierro y piedra
sino que alboree en alto hierba y río
para proseguir los pasos sembradores de palabra,
esta palabra siempre compañera del camino y la fatiga.
Que el alba clave su centro en el centro de la tierra.
Que no nos detengan.

Que no nos venzan.

Pero caen.
Están cayendo implacables
sobre los mantos hierros,
sobre los hierros piedras.

¡Guerra! gritaban

Para mi madre.

¡Guerra!, gritaban
y era marzo trece en una isla.
El cuerpo se me hacía duro
al salir del útero
y lloré mi primer llanto de mujer
con la sangre de otra mujer
todavía en mis mejillas,
la mujer que me había dado vida
y me había puesto nombre y palabra,
la palabra con que hoy escribo:

        marzo
        sangre
        isla,
la mujer que me había dado
la precaria piel de mi alegría.

Supe pronto de azul, de lava,
de retama y pimentera
de soledad y canto.
En la infancia se henchían las venas
como velas al contacto de la palabra
que ponía en mi piel el mar, la roca,
el pozo y la cima.
Ascenso y descenso
y en el fondo sonando a dios,
                        la isla,
mis siete islas en una sola geografía.
Yo las desgranaba en múltiples combinaciones:
tantas como estrellas, tantas como vidas,
tantas como siglos y hombres;
ellas eran siete y eran una
sola isla adentro, infinita,
plagada por el misterio,
flanqueada por el dolor y la alegría
que acuchillaba de luz y sombra los acantilados
y crecía retama entre las rocas más duras.

Nací mujer de otra mujer,
nací isla de una isla en primavera,
marzo trece el país en guerra,
un día azul,
primer llanto de mujer en útero de mujer,
primera sangre derramada para mi hoy,
cuarenta años después, sin guerra,
mi tributo de vida a quien me dio vida
de isla adentro mujer
que afirma huella perenne que no se borre,

huella de punta de pirámide, teide arriba,
huella de arena que no se pierde con el vaivén
de las olas,
vaivén que niega y afirma la soledad, la isla.

Yo he tenido corolas de alegría

Yo he tenido corolas de alegría,
piel entregándose, cantos,
                          entre mis manos.
¿Quién no ha sentido alguna vez
retumbando el amanecer en sus costados?

He tenido olas mansas y fieras
                          en mis arenas.
¿Quién no ha acunado mar y ola
entre sus rejas
y ha saltado por ellas todas las vallas
para hacerse marinero de espacio
y timonel de planetas?

Yo he tenido todo el cielo abierto
en galaxias de amor
y me he ensanchado para ser espacio sin límite
y horas sin tiempo.
¿Quién no ha sentido el pulso de otro ser
abriendo los muros cerrados de su cuerpo?

Os espero otra vez,
corolas de alegría,
piel,
canto,
por si un nuevo mar
puede darnos la clave de este ir
                          yéndonos
                          y quedándonos.

La aventura es con uno mismo

La aventura es con uno mismo,
con los siglos en piedra que porfían
por ser mar o cielo,
tierra vulnerable donde el ser
ha ido dejando su impronta de vida
diciendo que cantó dolor,
que rió desaliento,
que durmió ensueños,
que creó tiempo
y que nada de lo que hizo,
nada de lo que seguirá haciendo
tiene punto de comienzo ni final
ni trayecto a recorrer.

Todo es este canto, Chanatel,
de pirámide erguida
y laberinto profundo.

La muerte aquí es la vida:
islas erguidas pugnando por serse eternamente.

COMO QUIEN NO DICE VOZ ALGUNA AL VIENTO

Para mi madre, con devoción,
este séptimo intento de luz en el camino.

INTROITO

Indagación

Indagación de palabra y de materia
por si alguna voz,
algún concreto acontecer de mar o árbol,
de mirada o beso,
pudiera retener la clave del silencio
y filtrar un resquicio de camino
hacia alguna parte:

                          un son con algún eco
conocido, nuestro, familiar como las manos
que vestimos de afanes y de ternuras.

Indagación del poema
y de la concreción del universo
por si el súbito conocimiento
nos llevara más allá de este aquí,
de este aquí límite de la existencia
y revelara signos distintos,
aconteceres de planetas no nuestros,
sucesos no englobados en nuestros cerebros
y pudiera más allá aprehender la palabra
otro son de verso,

        otro no-ser donde serse,
otro morirse a contravida,

otra salvación para este presente.

Indagación de palabra y de materia,
ilusa gloriosa,
como cualquier afán del ser
en pie de camino.

PALABRA

Casi un poema

Acosar a la palabra no quiere decir poema
sino necesidad de que se remonte
toda el ansia en cumbre sobre la vida
y se diga un «sí» rotundo a la marcha
y vayamos haciendo camino
o creyendo que lo hacemos desde dentro
para no morir,
para no dejarse vencer por el tiempo
que pone arrugas de horas a nuestra piel,
fragilidad a nuestros huesos
y niebla de espera a la fatiga.

Por eso la palabra como única mariposa
en el interior de la camisa
y un calor más entre los pechos
para seguir sin que se note el frío;
porque hay frío en las rendijas de las ventanas íntimas
y suena a dios ido entre los pliegues
de las faldas y el crujir de los zapatos
sobre el asfalto.

Aunque apretados en sazonado racimo
vamos todos por las aceras de la vida,

sentimos los espacios separándonos,
llenándonos de huecos los tibiores del contacto
y nadie sabe decir por qué el calor del otro
no le llega
o le llega como un frío.

Sí, convocamos a la palabra a la cita de hoy,
a la de siempre,
para que ella intente decirnos algo
que llene los huecos de algún calor
que sepa a lumbre de permanencia.

La convocamos por si pudiera llegar a ser
fuego confortador de poema.

Llamamiento a la palabra

Yo sabía tu voz, Palabra.
Ella me había amanecido cuando era noche
y mis pasos se tambaleaban por caminos desconocidos;
ella me guiaba;
ella daba luz a mi incierto ir
buscando no sabía qué alturas
y ponía sendas para mis huellas
y daba albor de regazo a mi frente.
Juntas fuimos los años niños
abriendo entre la maleza fuentes claras,
arroyos transparentes como las almas
de aquella luz única.
Éramos voz sin palabras,
pero fuiste llegando tú cuando la tarde,
cuando el cuerpo empezaba a brotar
posibilidad de otras vidas
y mis muñecas no tenían ya sueños que contar.

Viniste tú, Palabra,
a acompañarnos las noches y los días.
Eras extraña. Nueva. Única.
Pero yo te reconocía, lejana. Luchábamos.
Hacíamos voz y palabra;
un abrazo infinito de niña y mujer,
de sueño de voz realizándose:
la gloria de los versos estallando
en luz una mañana de marzo.
Era mi mes.

Palabra,
          estoy en otro tiempo,
con pasos que apenas reconozco.
Y no te tengo,
               no tengo tu albricia
de voz esperanzada,
                    tu ritmo mío,
tu isla única.

Mi llanura de hoy, mi espacio abierto
de tierra sin mar,
te llaman
para que guíes, Voz-Palabra,
este desconcertado caminar
                    y pongas canto de luz
a esta incierta huella.

Ven, para que en mi isla adentro
se haga dios.

Tarea

Llevas siglos diciéndote la palabra,
repitiéndola, confortando tu deriva con ella;

palabra titubeante cuando es la voz primera de niña,
palabra que el tiempo cree afianzar
y, luego, palabra que se cree ya palabra
con vida propia como la vida.

Llevas siglos midiéndote la dimensión del verso,
creyendo que alborozabas horas
y apuntalabas dudas del vacío.

Pero la palabra se niega a que la existas,
a que la hagas mensajera de tu búsqueda,
a que le vayas poniendo nombres
y la vistas de posibles claves.
(¡Tú que creías haberla transitado, conocerla,
amar cada rincón de su cuerpo de sílabas,
su alma de voz,
su desconcertada presencia en tus sueños!)

No, no es tuya la palabra.
No tienes un mendrugo de verso
que llevarte a los labios,
no tienes ningún comensal en este banquete de los días.
Nadie te espera para descorrer el velo
y entregarte, al fin, la clave del misterio.

Soledad del poema

Para María Eugenia Rincón y Miguel Dolç.

Te has quedado sola frente al poema.
Antes venías cargada de mundo
a buscar su cauce,
a encontrar sus nombres y sus sendas
para surcarle de palabras,
para ponerte surco de fe a ti misma

pero ahora vienes desnuda
sin saber qué flor, qué planta
puede albergar su oscura tierra.
Vienes dudosa de tu paso
y, aunque te acercas, la fe
—ese algodón tierno de la noche—
se te desliza de las manos.

Pero aún vienes; aún te queda esperanza
para arrimar la fatiga de tu aliento
a la tierra de donde surge el canto.
Aún puede que oigas el murmullo
de la semilla estallando a vida
y aún puede que veas
los brotes tiernos romper el surco
y aflorar su aire en los espacios.
Te acercas, aunque sola,
aunque desnuda, aunque vacías las manos
otras veces tan llenas de ilusión,

                                    vienes
y el surco se turge de promesas
y se esponja la tierra
y llamea la oscuridad
y cálidas se vuelven las húmedas sementeras
y a punto está la fe de la palabra
para decir un sí al canto,
un sí a la hermosura que pugna
planta arriba, flor enhiesta,
a pesar del gusano de la duda que corroe
y va minando la tersura del músculo.

Vienes aún,
aún te acercas
y florece a isla toda la tierra
y florece a mar
y crece la energía del planeta
para que tú vayas a tu hacer de siempre,

a ese de la palabra a tientas de la luz
y creas de nuevo
                    y de nuevo comiences.

Fluir

En este fluir de no sabes qué,
sabes que sólo te vale la palabra,
ésta que apenas si te unta los labios
                con un murmullo de siglos
y te trae el tacto de la raíz.
Con ella andas en la desnudez
                        de no saber
y de saberlo demasiado bien.
                Pero no es así siempre
porque hay tiempos en que no existe la palabra
y la orfandad es un hueco de noche en la escalera;
no subes,
no bajas,
no estás en ningún peldaño de la vida.
No hay materia blanda o dura que te sostenga.
No hay sílabas que digan que estás, que eres,
que sois vosotros ahí fuera
                —aquí dentro—
la desazón retumbante que dice espacio
y afirma tiempo:
venas de siglos en tu cintura,
calor de huesos entre tus huesos.

No siempre existe en las manos
                la materia dócil,
                    encabritada,
de la palabra que se deja hurgar,
                    modelar,
cambiar al antojo de unos versos.

La palabra se rebela contra un ritmo
o un son y exige su voz única
                    como al comienzo
cuando se aran los nuevos campos para el amor,
cuando aún no se sabe qué sesgo llevan
los besos
            ni se sabe qué misterio
                                es la caricia.

Canción para el camino

Para el camino te vas diciendo
una oración de faros
                    y monasterios;
un recitar a solas otros tiempos
para que en este ahora desierto
vuelva algún resquicio de luz
a escalar la vida
                    y poner
a prueba de alegría tantos bosques
                    de tristeza,
tantas colinas de ruptura
donde ya ni siquiera el mar
es azul algarabía
                    y donde la palabra
azorada se esconde.

Tu canción para este camino
es ir poniendo luces, faros,
lunas, entonces,
        —palabras—
en la sórdida aridez de estas dunas
pero un eco fantasma de ti misma
te dice que no estás,
que no has estado nunca en ninguna materia.

En alguna parte

Para Cristina Lacasa.

Aquello fue la infancia, la juventud,
aquel fragor de cumbre y mar,
de impaciencia por ser roca al sol
o raya infinita de horizonte
                              y así
estallar en mundos que tuvieran islas
en sus raíces
              y mar
y lava constreñida para el paso de las horas.

El estreno fue la vida restallando su látigo de aire
en las cumbres;
un sonido como de dios en los espacios
y los pechos prietos
                    y duros los muslos
y la sangre a punto de cima.

Fue la infancia.
Fue la juventud.
Fue la vida que empezaba a saberse vida.

Detrás, en una esquina del tiempo,
la mar tenía otro son
y la lava otro tacto menos encabritado.
Había una luz con sesgo diferente:
llanuras calcinadas de septiembre,
eras en junio,
y niños al sol de otros atardeceres.
Las fechas fueron trayendo un ritmo
de horas distintas
y se poblaron las casas de otros ruidos,
otro olor a cocina y a toalla,
otras risas en la soledad de los espacios
y nació el hoy sobre las ventanas.
Ventanas que abrimos por si la lava,

                                por si el mar,
por si la cumbre de la niñez,
por si el fragor de la juventud,
por si el recuerdo
pudiera darnos alguna luz a este camino,
por si pudiéramos saber
de algún vago lugar,
de algún lejano sitio,
de alguna senda que llevara a alguna parte,
por si pudiéramos...

Permanencia de la palabra

                              Para Maribel Nazco.

Vinieron por los caminos ríos con sus aguas
                              y sus lavas;
montañas majestuosas pugnando su porfía.
Vinieron sombras
y luces refulgentes.

Vinieron tactos cálidos, sesgos nítidos,
miradas profundas donde no había vacíos.

Fueron llegando hasta mi isla adentro
mares de otros siglos
que lamían mis costas,
acariciaban mis acantilados
y vertían sobre mis arenas negras
sus blancas espumas.

Yo los iba viendo llegar,
los acogía como a los hijos
que no tendrá jamás mi útero;
ellos iban y venían siempre iguales
y siempre distintos;

nunca el amor se repitió exacto
en mi regazo;
nunca el dolor tuvo el mismo ácido timbre;
nunca la alegría resonó iguales campanas
en los amaneceres de mi isla.

Todo se repitió siempre igual
y siempre distinto.

Fueron llegando, siendo, desapareciendo
y la palabra los cantaba.
La palabra los sigue cantando hoy.
La palabra:
ese único río que queda,
esa única montaña,
ese mar y esa espuma de mis horas,
ese hijo inmarchito en mi regazo.
La palabra:
la sola voz que no desaparece nunca,
que va conmigo niña,
que camina conmigo mujer,
que susurra conmigo en la intimidad
de mi espacio con horas para el sueño.
Ella no se va nunca porque nunca llegó,
estuvo siempre entre mis manos,
alboreó mi despertar en una isla,
fue isla ella, isla yo,
dentro de mí, dentro de ella yo erguida,
lava en punta sobre el azul.
Supo de mi terror de amanecida,
de mi alegría en las sombras,
del desconcierto,
de la afirmación,
de la pasión primera de la luz.

La palabra, lo único que siempre está,
que siempre queda.

MATERIA

Don de la materia

Para María Dolores García Selma.

La materia ha sido tu norte, tu guía,
el símbolo de tu búsqueda a tientas de la luz;
ha sido roca, arena, mar,
la geografía que copiaba tu dilema de mujer
al borde del universo de sí misma.

Por la materia has ido tanteando el misterio,
comprobando su forma de hombre,
de mujer, de árbol, de río;
su calor de sol,
su frescura de nube,
su aspereza de lava.

La materia te ha revelado que existe
otro ser frente a ti;
que existe porque otra vena, otro sudor,
otro llanto igual al tuyo que late fuera de ti
en otro misterio que ancla en tus ojos
sus ojos buceadores.

La materia te crea al poner el papel
                    contra el sueño
y palpar el sueño ardiéndote en palabras.

La materia te dice que existes,
que le arañas horas al tiempo,
que pendes de su misterio.

Comprobación de la materia

Para Acacia Uceta y Enrique Domínguez Millán.

Hoy compruebas la materia:
una punta de álamo corta el aire,
el mar —horizonte a trozos— zigzaguea
entre bloques de cemento,
y los niños juegan verano sin escuelas.
Hasta el aire —leche diluida— estrena
cuerpo concreto en el espacio.
Te acoges a tu forma
—manos, labios, sudor, sexo—
para decirte que eres movimiento glorioso
que anula el caos
            y niega que el vacío ronde
detrás de las esquinas en donde ponemos
            nuestras señas y nuestros nombres.
La materia nos salva momentánea del olvido;
la materia nos hace hombres y mujeres,
seres que visten cuerpo y gesto,
            seres que crean vida
y hacen real al tiempo
            y concretan el espacio
aunque, a veces, se borren las huellas
            y dudemos de la materia,
de la salvación por el tacto
                        y el sonido
            y el olor
                        y el sabor
y esa mirada que transforma.

Hoy compruebas que dices palabra al viento,
que la configuras y en ella te salvas
porque los otros tengan forma,
            sientan el calor humano
entre tus dedos,
sientan el álamo,
el horizonte a trozos,
el ruido de los coches en la ciudad
y palpen la leche de brisa
                    en el espacio.

La materia vuelve a salvarte
como quien no dice voz alguna al viento.

Caminos de Éfeso

            Para Mayte González Carbonell.

La calzada central del mar a la tierra.
El perímetro dentado del teatro.
Unas columnas rotas, caídas.
Unas losetas de mármol no gastadas
        por la sierra de los siglos.
Eso quedó sobre la hierba
        para nuestro paso curioso de hoy.
Y caminamos a pleno sol
        hilando con el zumbido del viento
historias que fueron jadeos de amor,
        agujas de dolor,
víboras de astucias,
        mariposas tiernas,
nubes blandas de alegría,
niños jugando escuelas;
        y los talladores de la piedra
que hoy queda (columna, calzada,

loseta) muda entre la garra suave
        y húmeda de la hierba,
los talladores se han hecho materia
                de mármol,
sus frentes son mármol tallado,
sus manos son mármol liso para nuestras piernas
que caminan pasos de ruina,
sus sexos —buriles ardientes— son
                                mármol,
el mármol caído de estas columnas,
el mármol trizado de esta tierra
        que dice que fueron
y dice que somos;
        que la vida siempre es;
que la vida siempre queda
aunque el soplo de un hombre
        tallando su mármol
sólo se ancle torpe en la piedra.

Comienzo

Dijimos «luz» aunque los pasos vacíos
modelaban la materia sin saberlo
y había en el aire un son
de recuerdos como muñecos rotos por la brisa.

Teníamos entre las manos
la carga lineal del horizonte
y esperábamos, como todos,
que la vida fuera llenando los cántaros
                        del sueño,
para poder contar a los demás
            que habíamos sido
materia arbolada de ansias
y que en nuestro trayecto habíamos partido
con el gesto, todas las nueces ávidas del deseo.

Fue, en un principio, una aventura
                    sin más palabras
que la acre firmeza de los huesos
                    sonando a vivo
bajo la tersura de los músculos;
esa era nuestra alegría diminuta e infinita:
            teníamos presa de nosotros a la materia;
éramos nosotros materia en magia de vida.
El horizonte se agrandaba a nuestros pasos
y en él cabían todos los sueños.

Nunca tuvo la materia más presencia:
labio, músculo, raya de horizonte
                    azul,
álamo cortante en la brisa.
Aún la vida no tenía laderas
            de descenso
ni barrancos que cortaran las llanuras.

Ser de la materia

Hoy la materia configura
tacto, ternura, labio;
configura beso,
configura arbolado universo
de amor.

La materia hoy es hombre
en pie de camino,
canto en cumbre y en llanura.

La materia hoy es. Se es, gloriosa,
angustiosamente.

Pero mañana la materia
será un son en pos de ningún canto,

un inerte perfil sin pálpito de hombre,
un tacto dulce sin posibilidad de entrega.

Arqueología

Una proa de mar clava su quilla en la tierra
y un mástil ondea el aire del planeta
            por donde las huellas marcan el paso
dejando su gesto peculiar
            jeroglíficamente en la piedra
y en el metal
y, más modestamente, en las cuevas
donde ríen blancas las calaveras
            y los fémures;
donde las panzas redondas de los cántaros,
            sin ungüentos y aguas milagrosas para el
            camino,
acompañan mudas al silencio enjoyado
                        de los huesos.
El tiempo se olvidó de sí mismo;
perdió su esperanza de materia en pro de algo
y se acurruca (cartílagos nevados, calaveras)
            sobre un lecho de polvo de tierra
                        y ríe
silenciosamente
        persistiendo
        insistiendo
        resistiendo al óxido de la atmósfera.

Materia en el recuerdo

Tú eras materia
en configuración de gesto y de armonía;

eras suave llegar, eras la vida
que se sentía joven de esperanza.

Y estabas instalado entre los altos
peñascos de las horas
y entre el ronco batir del mar.

Si hablabas, tu materia se erguía armoniosa
para palpar la brisa y ser palabra.
Si mirabas, la luz del tacto
de tu vista se hacía en gestos única.
Al caminar, tu concreción de paso
afirmaba la materia del ser y retumbaba
en el eco del aire como un bronco caballo
que pisara implacable las esquinas.

Eras un dios sin arañas de tiempo.
Eras gloriosa, pertinaz,
porfiante materia en pugna de vida.

Cárcel de la materia

Se dice la palabra
y se toca árbol, llanura o roca.
Es rotundo el espacio de la voz
en la sangre de las horas
y es concreto el tacto del viento
haciéndose son de palabra.

No inventamos el peso y el tacto
sino que están ahí, son el nosotros
que asediamos, tocamos,
modelamos a imagen nuestra.
La materia dice que somos
y deja huellas de que hemos sido:

piedra, libro, brizna de hierba
en algún camino que desconocemos.
La materia nos refleja en su espejo
que tiene la figura exacta
de nuestro cuerpo
y el preciso timbre de nuestros silencios.

La idea se hace cuerpo restallante
en la materia
y el sentimiento es materia
y la sensación de azul o norte
es también glorioso sesgo de brisa
                en alguna roca.

La materia es lo que nunca
se deja de tener en ningún ahora.

Laberinto

                    Para Elena Andrés.

La materia desarraigada
sin la presencia que configura
un ser de brisa entre los árboles
y augura nuevos sones en el misterio,
se escapa por los bordes
                del laberinto.

Surgen aires antiguos pero no hay momento
que logre atar la claridad de la palabra
para que diga el son conocido del serse.
El camino es largo. Recodos.
Curvas. Zigzags relampagueantes
y rectas simulando conocimiento.

Avanzamos tanteando posibles claves
pero no suena a nada conocido
el rumor del pie
sobre este espacio sin materia.

Seguimos
intentando ponerle nombre
a lo que no sabemos palpar,
a lo que intuimos aunque no exista
y la palabra se nos enhebra entre los labios
y decimos, sencillamente,

                              álamo,
            cristal,
                    mar,
balón de sol golpeando nuestros huesos;
mas el laberinto no se ilumina
ni sabemos si el hueco es espacio
                    que se pueda llenar
de algún simulacro de realidad.

Proseguimos.
La palabra resuena a nuestro lado
como un fantasma.

Voluntad de concreción

Me acojo a la concreción de mi cuerpo:
huella del pie, del gesto,
rotunda redondez de los senos,
caverna iluminada del sexo
por donde entra y sale la vida,
el afán de seguir siendo
materia gloriosa, pugna de isla
                        solitaria
entre espacios azules de agua y de aire.

Me aferro a mi sangre, a mi piel,
a mis ojos que miran y me miran
palpando colinas y risas de niños
acariciando tensos músculos y brisas,
penetrando espacios más allá de los espacios,
queriendo concretar el vacío
que niega a mi cuerpo su rotunda huella
de roca de isla
y pone duda a la palabra,
a ese extraño albor con que me digo
que estoy, que soy en estos siglos
        y que surco ríos
        y navego mares
        y devoro sol
        y abrazo tierra entre mis muslos.

Pugno por sentir físico mi cuerpo
sobre la tierra que piso;
pugno porque la tierra sea hierba,
             roca, agua,
porque el calor del sol sea humo
           sobre mi piel
y la arena no se hunda con mi peso;
pugno porque el aire se concrete cristalino
entre mis manos
        y tenga yo manos con que sentirlo
dibujar el espacio en los pliegues que el tiempo
va poniendo a la vida
y nada se borre diciendo que fue,
que quizás el espacio tuvo rocas,
sangre en punta,
olor, sabor, tacto duro en las esquinas.

Creo comprobar que soy materia,
que llevo infinitos siglos viajando
por este vacío sonoro de mis huesos
y si alguna vez

una flor me enseña la osadía de sus pétalos
coloreando el aire
creo que me palpo viva
entre la piel y la sangre
        y me creo flor,
roca, mar,
            creo y me creo la concreción
de una isla
entre la nada azul del mar,
la nada azul del cielo,
la nada de la palabra.

Pero creo en la palabra,
en su cuerpo de siglos y espacios,
en su configuración de labio y ternura.
Por eso afirmo cuerpos —el mío, el vuestro—
que no existen.

Caos

La materia colisiona y se rompe
entre las manos
y se trizan las manos
y se destrozan los sueños
a golpes no identificables de brisa.

Está ya dentro. Absurdo cuarto verde.
Soledad.
    Aspas de viento blanco.
Soledad.
    Tequilas infernales de mosaicos.
Sola la soledad.

Se pide materia como si se pidiera tacto
que oliera a pétalos
que abrieran algún rincón de cantos

pero las horas trizan a trallazos
los cristales estrellados del mejor serse.

Y retumba sola la soledad.
Y retumba solo el silencio.
Y retumba solo el vacío.
Y no hay puerto con su son de mar
ni viso lejano de arbolado paso
para el ritmo extraño de este hoy
sin la magia del estreno
y sin la paz alborozada del recuerdo.

Clarividencia de la materia

Para Alejandro Amusco.

Yo había dicho lava, retama,
mar,
        azul
pero podría haber dicho materia incandescente,
nebulosa,
                contracción, expansión,
lunas de júpiter,
anillos de saturno.
Podría haber dicho masa gaseosa
                en continuo cambio
y estaría diciendo lo del mar
la lava, la retama, el azul.

No es concreción el tacto,
ni la huella del árbol,
ni la roca,
ni la arena.
La realidad existe sólo en el miedo
que hace tangibles las lunas de saturno,

los gases cambiantes de mercurio,
el espacio que escapa a nuestro espacio.
Pero nada es concreto.
Nada tiene cuerpo ni dice voz,
ni dice palabra alguna al viento;
el viento que no tiene venas
                              ni raíz
ni rocas para nuestras pisadas.

Nada tiene cuerpo de fuego
ni onda de agua
ni concreción de granito ni metal.

Nuestro poema del deseo nos da
                              los muslos,
el pecho, los labios,
                    el sexo,
los senos;
        nos da una ilusión de cuerpo
que dice roca
            y pide flor
            y palpa planta
y crece trigos para el sustento
pero no hay palabra que sea
                        concreción
ni voz que tenga músculo
ni lunas palpables de un espacio nuestro.
Por eso, quizás, el amor,
el reconocedor abrazo de los sexos.
Por eso, quizás, la palabra,
la nota, el pincel,
                para hacer real la materia
que jamás tendremos.

Duda

Para Gloria Reig Ripoll.

¿Será verdad que la materia configura
un cuerpo en el espacio;
venas y huesos enlazando cantos,
enlazando dolor a manos llenas?
¿Será verdad esta huella del pie en la llanura?
¿Será verdad que hay clave de emoción
                        en la palabra
y cuando decimos o alzamos
                              gritos en el viento
alguien reconoce el rumor
                  y emite su eco a nuestro vacío?
¿Será verdad que andamos sobre el polvo
                    y somos polvo de camino
y hacemos con nuestros labios el polvo de los siglos
y creemos vivir,
              creemos estar con otros aquí
siendo testigos de espacio y tiempo,
amando,
creando,
creyendo que un día moriremos
y otra energía seguirá su concreción de espacio?
¿Será verdad que somos,
que hemos sido?
¿Será verdad que soñamos el mundo?

VISIÓN

El camino

Un viento oscuro cabalgaba por la llanura.
A lo lejos, vertical contra el silbido del aire,
un álamo solitario erguía su muñón desnudo.

Enhiesta contra el furor del silencio,
el perfil clareando la oscuridad,
caminabas.
Los siglos te habían arbolado de tiempo las manos
y tu gesto, inmóvil ya, sobrepasaba
todos los álamos del mundo.

La senda no tenía más paso que el tuyo
de árbol solitario en la llanura,
tu paso de inmóvil movimiento
en la raíz de un siempre ya absoluto.
Pasabas, desnuda, vertical, enhiesta,
negro huracán de viento sin esquinas ya,
sin resquicios en la andadura.

Visión

Había amanecido.
Tu materia era ya ósea reliquia
sobre la arena blanquísima.
A tu lado, batiendo su inocencia
como el mar,
una niña medio mar, medio espuma,
astral y terrena.

Tu cuerpo, garabato nítido
para toda aquella esbeltez de playa,
no había llegado allí
ni se había ido nunca.
Tu materia, pura ya,
blanquísimo diseño primigenio
                        sobre la tierra,
yacía tan perfecta, tan en sí,
(calavera, fémur, falange,
columna, polvo),
tan en sí yacía tu materia
que era dios un viento inmenso
crujiendo sobre el tiempo.

Palomas al amanecer

Enhiesta está la cima
y ascienden sobre la espuma los acantilados
pero en la llanura zozobra un son pardo
de palomas perdidas.

¿Será éste un regreso
o un comienzo desconocido?

Aves blandas caen suaves, certeras,
llenando de aleteos desconcertados

la raya imaginaria del horizonte;
palomas azules, luminosas, pardas
como un arco iris acuchillando el cielo;
palomas gimientes de una pesadilla
de la que no saben despertar.

La espuma blanca, blanquísima,
sangra sus alas destrozadas contra los acantilados
pero no se oye el rugido del mar
sino el resignado aleteo suave de una,
de mil palomas perdidas en el amanecer.

El trayecto

Caminabas
y era tu caminar, silencioso, entre abrojos
por la llanura azul.
A veces tus pasos tropezaban contra un roce de ala.
A veces era la piedra dura la que te golpeaba
sin compasión las manos.

Tú seguías caminando
como si el infinito no tuviera recodos ni esquinas,
como si el tiempo no hubiera tenido nunca
un son de voz amaneciendo espacios.

Niño

Para Juany Ayala.

Creíste que era un gesto dulce
de niño en tu regazo
y avanzaste las manos temblorosas
como álamos.

Creíste oír su voz.
Creíste ver sus ojos claros.

Un rumor de espacio te acunaba
como algodón blando.

El niño tenía tu voz, tu piel, tus manos.
Quisiste abrazarlo
pero se te resbalaba de entre los tactos
y huía
riendo estruendosas carcajadas
contra tu regazo solitario.

Elegía en blanco y gris

El blanco espacio de la arena se pierde
contra el incierto gris de la distancia.
En la playa solitaria,
una destartalada caseta desvaída
por el diente salobre de la espuma
cruje sus tablas tambaleantes.
El viento marino pasa por los huecos
vacíos de las ventanas
ululando broncos gemidos de otros siglos.

Entras lentamente en la casa.
Tus pies desnudos sienten la aspereza
de la sal.
Tus ojos se hieren contra el gris desteñido
de las paredes.
En el espacio acordado yacen los dos:
                    blancos huesos
lavados por la sal del tiempo.
Blancas calaveras.
Blancas pelvis triangulares.
Blancos diafragmas.

Crispadas carcajadas blancas.

La escalada

Quizás allá arriba, coronando aquella cúspide,
estaba la luz
pero no lo sabías. Y, a veces, las zarzas del camino
desgarraban tu escalada
afanosas, quizás, de que te detuvieras,
de que no coronaras ningún albor de cima.

Hubo un momento en que te tambaleó la voz
y creíste perder tu semblanza de materia;
y ascendiste como si en aquel inútil batallar
te fuera la vida misma.

Los pedruscos clavaban sus aristas en tu piel.
Se te rompían las manos ajenas ya a la ternura.
Pero seguías subiendo
implacablemente;
destrozando
las brisas de frescas hierbas,
las florecillas atrevidas,
las amargas raíces de otros siglos...

Seguías, segura ya,
de que no existía ninguna cima.

La estancia

La estancia parecía inmensa
en la penumbra de aquel amanecer.
No existían paredes ni quicios de puertas
ni alféizares de ventana alguna
pero allí, intocado, estaba el espacio
de tantos sueños;
                el sueño hondo
de un infinito batir de alas.

Avanzaste.
Te bañaba el tibio pálpito
de otros amaneceres:
         sobre las sábanas de amor en madrugada
las huellas de los cuerpos estaban intactas
como si el huracán sordo
no hubiera arrasado las paredes, las puertas,
los alféizares enmarcadores del tiempo.

La esposa

Rugía el mar contra los acantilados.
Una paloma blanca se había parado
sobre tu gesto inmóvil.
Arenas infinitas batían su blandura
contra la piel del sueño.

Desde lo inmenso se acercó y dijo:
      ¡Esposa!
Un viento extraño distendió
sobre tu cuerpo
           la falsa palabra.

Fantasmal

El campo estaba fantasmal
bajo tus pies desiertos.
Ni un asomo de árbol.
Ni un simulacro de viento
entre las peñas desnudas
donde apoyabas tus gestos.

Pero creíste que el campo
tenía la blandura de la espiga,

la recia voz de los robles,
la pasión de los encuentros
en la cúspide del canto
y creaste aquel canto de palmeras,
de retama, de mar, de álamos.

Pusiste musgos en las rocas
de luz, entonces y faros.

Pusiste monasterios, niños,
pulsos de dios entre tus manos.

Creíste que era el sonido de otros pasos
en tus pasos y caminaste
con tu huella en otra huella
que era tuya, que iba a tu lado.
       Pero no. Era fantasmal
el campo. Y tú no habías tenido pies.
No habías hollado ningún camino.
No habías hecho eterno
a nadie entre tus brazos.

El paseo

Caminas por la arboleda inmensa
y de pronto se te enredan en los ojos
siete arbolillos rojos de otoño.
Los demás están verdes,
pletóricos de savia compartida
y ajenos a la angustia
de los siete arbustos otoñales.

Tú sigues caminando
entre las rojeces destructoras
y, de súbito,

es otro otoño el que brinca
su sangre agonizante
entre las sendas verdes
y es otro gemir el que atenaza su garfio
en el trayecto de ahora.

Se repiten iguales los siete arbustos.
Igual oro. Igual rojo candente.
No sabes ya si vas o vienes por el tiempo
fantasma para siempre de ti misma.

El pozo

Te paraste a contemplar el pozo.
Era hondo, iluminado
y el agua fluía jubilosamente.
Su hondón fresco, profundo,
acunaba ardores de universo.

Cuando volviste de nuevo en el tiempo
a contemplar el pozo,
las tinieblas habían pasado por sus aguas.

Intentaste caminar sobre el cauce oscurecido
pero la luz era, ya, sólo una humedad densa
que impedía la esperanza.

In memoriam

El viento y la lluvia se batían
contra la ventana.
Tú, apenas un punto visible
en mitad de la cama, atenta escuchabas

al diente avaro del tiempo
royendo las sábanas.

Crecía un hondo jadeo
de silencio por la estancia.
Galopaban alocados los recuerdos.

Contra el cristal oscuro
golpeaba la lluvia;
golpeaba el viento.

En mitad de la cama yacía
el garabato solitario de tu cuerpo.

Esperanza

Devenía la vida inmensa como un viento
por la llanura azul plomiza,
huérfana de árboles,
                    enjuta y solitaria.
El traqueteo absurdo de tus pasos
abría sendas que se esfumaban en el polvo.
Ni brizna de hierba,
                    ni sombra donde descansar
de la andadura.
La meseta no acababa nunca.
Tú seguías con la devoción de la inercia
hecha materia de huella
                    y ponías animosa tu planta
sobre la piel desnuda de la tierra.
Era arista el dolor.
        Era bisturí punzante que horadaba
tu solitario caminar.
                    Mas proseguías
ajena a las zarzas y a las ortigas

como si en aquel desierto
        creciera el trigo ondulante de la ternura
y la retama fuera una luz alborozada
        de hijo incipiente en tu útero.

La honda brecha

Ibas sobre la proa abriendo mares,
hollando con tu vela al dócil viento,
pletórica e infinita en el silencio
de tu quilla de luz sin tempestades.

No había la noche hincado el diente
en la prieta piel de tu esperanza
ni el cataclismo que ahora te espanta
te arrasaba con su lava ardiente.

Pero vino implacable la tormenta
sobre tu quilla y tu vela blanca
rompiendo el frágil timón de tu barca,
destrozando tu nítida silueta;
dejando en el espacio del alma
un vacío de dios; una honda brecha.

Sideral

Había amanecido.
El mar rugía olas negras
que despeñaban blancas espumas.
El hueco de tanta mar
batía silencios en la oscuridad.

Tu cuerpo desnudo llenaba el espacio
de aquel vacío

y era tu perfil, blanco
contra las estrellas,
un ritmo anochecido de llanto sobre el mundo.

Eras ya tú tan única
que el mar apartaba del hondón infinito de tu alma
la ola horadante de su cuerpo.
            No venías.
            No ibas
a ningún espacio sideral.

No eras ni arena, ni estrella, ni mar,
                    ni espuma.
                            No eras.

El sueño

En el sueño corrías con un son familiar
alborotándote los huesos
y era aquel rostro perdido,
olvidado en el trasiego del tiempo,
como una campana resucitando presencias,
gestos extraviados en tu gesto,
tonos de voz que se quedaron
en las zarzas ardientes del recuerdo.

Tu enloquecida carrera en el sueño
tocaba tactos extraños,
                        tactos que fueron vuestros
y subía por tu sangre un himno
que tuvo niños y sones de dios,
monasterios de amor, lunas blandas.

Tu ferviente pisada era un ala en vuelo
que sonaba trastocando el misterio

del tiempo y su vacío
y erguía,
ajena a la frágil fe de los afectos,
una esperanza rotunda que negaba
que se moría el amor,
que el amor era breve,
                              tornadizo,
que el amor era
una súbita locura de la nada
y a la nada volvía
a ser polvo en el gesto,
a ser polvo en el tacto y la caricia,
a ser polvo, vacío, nada,
                              en la nada de tu sueño.

El gesto

Para Rosa Navarro.

No, no era el cuerpo el que moría.
El cuerpo caminaba enhiesto por la llanura,
afirmando crujiente paso sobre las hojas
secas de aquel otoño extraño.
A veces, cuando un graznido, se estremecía
como si notara la oscuridad del caminar
pero luego, seguía recto, ajeno
al encaje chisporroteante
que tejían los pájaros en la brisa.
Ni las piedras ni las ortigas le enredaban
en la súbita mordida de sus garras.
El cuerpo, enhiesto en su propia inercia,
sellaba el camino con su huella
o abría el camino en la maleza,
indiferente a los ruidos, a los tactos,
a aquel fragor de vida que traía
olorosos perfiles de aire.

No, no era el cuerpo el que moría.
Era el gesto.
Era el gesto que no tenía espacio
donde dibujar su escorzo,
su tierno pálpito,
su misteriosa caricia de presencia.
El gesto
que se había quedado congelado
como un misterio más
                              en el Misterio
                              y bajaba, ajeno de cuerpo,
a encontrarse, sin tacto de vista,
sin suavidad de piel,
                              sin son de besos,
bajaba
a encontrarse con aquel inmenso espacio
                              donde habitaba,
poblado de ruidos, olores y colores
de táctiles sueños,
                              un silencio tan
extraño como el Silencio.

Trinos

Para Sebastián de la Nuez y Luisa Ayala.

Contra tu ventana trinan los pájaros
un canto perfumado de azahares
esta mañana tímida de marzo,
esta mañana llena de verdades,

Y recoges sus trinos desde el viento
que brota la primavera en tus manos
este marzo que trae de sustento
cuarenta y cuatro inviernos entrecanos.

Sientes que tu apagado hogar se alumbra,
que trinan tus silencios por la casa;
que hay niños que alborean tu penumbra;
que suena a isla, a mar, a lava;
que irrumpe la alegría con su jungla
de amor que te persigue enamorada.

FINALE

Recuento

Has cantado a la brisa,
a la alegría,
al rojo reír de la amapola,
a la jara blancura de los sueños,
al dolor,
a los estragos del tiempo.

El canto ha sido arista
horadando la piel del sentimiento
y ha sido también aleteo de ala
y ternura de beso.

Nunca ha dejado de cantar tu verso
a pesar de los tajos profundos
que caen, que están cayendo
sobre las blancas manos,
sobre los sobrios gestos,
sobre el persistente pie en son de camino.

Has cantado en luz al universo
y has escalado los pozos y las cimas del ensueño
creándote manos de amor para el trayecto
de tu cuerpo de tierra yendo.

RETORNOS SOBRE LA SIEMPRE AUSENCIA

Nadie restituirá los años.
Nadie te los devolverá.

KAHLIL GIBRÁN, *El profeta*

A la familia, a los amigos, al paisaje:
contextura emotiva imprescindible en este devenir.

DAGUERROTIPOS DE LA MEMORIA

Oración de la palabra

La palabra, a veces, a flor de río,
a veces subterránea.

    (tu presencia en la ausencia,
    tu concreción de materia,
    tu invención luminosa,
    tu canto en el hogar,
    tu configuración de las horas,
    tu diaria partida,
    tu isla en tus confines,
    tu ya lejano brote en las horas aquéllas).

La palabra marcando el paso
          y el trayecto
como un agua de mar
        azul transparente,
con reflujo de ola,
        vaivén deviniendo,
copiando ilusoria al cielo,
        ascendiendo en nube,
descendiendo en lluvia sobre la tierra.
Retornando
        a su cuerpo de sílabas,

a su tacto de siglos,
            a su voz,
            a su aliento,
a su turgencia exacta de labio,
            de caricia,
de acantilado y arena,
de lava que fue fuego,
de fuego que está ardiendo.
            Siempre allí.
                    Siempre aquí.
En tu presencia siempre.
En tu siempre ausencia.

La palabra gloriosa a flor de río,
bajo la arena,
acompañando tu mendrugo de horas,
cantando a tu lado,
                    dolida,
                    alborozada;
retornando,
retornando siempre como un dios
a tu página en blanco.

Retorno

Abres la puerta y el hogar te acuna
con su aroma de beso
                    que trastoca el tiempo.

Tuyo solo el perfume. Tuyo el beso
y el calor frío que le avisa
a tus huesos que alguna agria luz
deambula por tu rostro perdido;
que sientes aquel extraño temblor
que fue tuyo en tu cuerpo

y que ahora se anuda
a tus venas vacías
            por donde gime el viento
como en las tardes sordas de un otoño siniestro.
Llegas al recodo fijado
por donde vertiginea el tiempo
su acre soldadura de fallidos recuerdos
y te acercas con la ternura a punto
por si acaso la vida tuviera un nuevo celo
donde colgar la sombra del olvidado sueño.

Y abres aquel balcón de siempre,
te asomas al asombro de tu primer tanteo
y se hace luz la noche:
            irrumpen los escorzos, las risas,
            los táctiles encuentros;
            cabriolean fugaces primaveras
            y restallan las voces como entonces
            vivificando la audacia de tu ensueño.

Nacimiento

Para mi madre.

Modelaste mi arcilla con tu vientre
mientras te florecían angustias
de otro ser en las mejillas;
pero ese era tu don,
por él viniste a habitar el planeta,
a ser presencia-mujer,
cuenco abierto en voluntad de entrega.
Y te habitó la arcilla de mi ansia
y modelaste mi cuerpo como el tuyo:
pechos, regazo, mujer.
Te copiaste entera en mi materia
y habitaste mi aliento con tu aliento.

Hoy, cuarenta y cinco años después,
yo sé que soy tu ausencia,
tu yo de aquellos tiempos que retorna
a mi ayer,
                    que quiere que tú vuelvas,
tu mano de mujer junto a mi mano,
y exploremos el milagro aquel de primavera,
marzo trece, el país en guerra,
y alcemos sobre el viento
el templo de tu cuerpo que fue mi origen
y junto a él mi cuerpo,
mi cuerpo en cuenco virgen de otro aliento
y mi voz, esta precaria piel de mi alegría,
lo único que se sabe arcilla modelada por el canto,
lo único que rompe el silencio de tu entrega.

Retorno. Retorno a mi comienzo,
a tu acto de amor,
a tu entrega más alta que las nubes,
más inmensa que el cosmos,
más madre que la tierra.

Retorno en la ausencia

                    Para mi padre en otra dimensión.

Es así como quiero
tu retorno en la ausencia:
el suave gesto plácido,
la mar dulce a lo lejos,
tu voz honda llenando
mis primeros silencios.
Se remansa la charla.
Vibran puros los versos.
Lo demás, ya lo sabes,

lo fue haciendo el tiempo
que enramaba guirnaldas
a mis primeros sueños.

Me crecía tu ansia
como un son en el cuerpo
que estrenaba las horas,
que ensayaba los gestos
de una voz que decía
sus primeros intentos.

Tú probabas a hacerme
hermoso el universo;
yo escuchaba tu acento
en mis hondas esquinas
y eludía tus ojos,
me apartaba a mi centro
—que era mío y tan tuyo—
y allí corría el verso
a remansar las venas,
a hacerse luz y sueños.
Pero tú no sabías
aquel tierno secreto.
Fue durante un invierno,
en una tarde honda,
que encontraste el cuaderno
de versos. Me miraste
dudando, en suspenso.
Y fue entonces mi luz
restallando por dentro,
la que abrió su cascada
e invadió tu silencio.
Y fue tu devoción
de amigo y de maestro
la que le dio a mi canto
su más hondo destello,
su más fuerte dulzura,
su único universo.

Juventud

Para mi hermana.

Y es de nuevo otra mujer;
ojos, vientre y gestos que son suyos;
trenzas y risas antañas que eran mías
como sus miedos.
Primeros escorzos de mujer
en el aire cálido de la primavera.

Hoy retorna a mí su pulcro gesto
de carmín,
                    sus volantes
y el agudo chiste de su ingenio joven.

Era tan mía como yo misma;
tan cuenco en el mismo vientre:
sangre suya, mía,
mujer ella,
mujer yo;
mujeres que hermanó otra mujer
con la entrega más alta que las nubes.
El ayer retumba ausencia de retorno.

Jugamos las mismas muñecas
que yo no quería,
volvemos a las mismas horas claras
de aquellos atardeceres,
caminamos los primeros sobresaltos
del hombre incipiente en nuestros surcos.
Ella florece.
Florece a cuna.
                    Brota algarabía
por la casa y los niños irrumpen
las doradas esquinas.
                    Yo los oigo

jugar con la alegría.
Yo la oigo madura
—el carmín sobre el árbol de los años—
y acudo a su recodo de hogar
a ver crecer entero el sueño de su ansia
—los hijos que retumban de plenitud la casa—
y me quedo en silencio
mirando sus trenzas de otros tiempos,
su sangre —que es mi sangre—
florida entre los brezos
y alcanzo hasta su frente mi voz:
este puñado florecido de palabras.

Bautizo

Para mi sobrino Jacinto-Ramón.

Mis brazos florecían con tu pequeño peso
junto al agua y la sal
que marcaban tu nombre y tu comienzo.
Y te dimos para el camino
el capullo esperanzado de nuestro aliento
y alzamos las copas de la risa
para brindar futuro,
el futuro de ayer que es hoy
juventud y canto;
                tu hoy que es tuyo,
la senda por donde discurre tu huella
fuerte y tenaz;
                el sendero que estrena
nuestro ayer. Nuestro gesto en tu gesto.
Mis brazos hoy florecen
como si la sal y el agua
bautizara de nuevo al tiempo

y fuéramos niños todos
sonando a primavera y canto,
escalando las horas más altas del ensueño,
coronando puntiagudas cúspides de sol,
elevando la risa a los albores del comienzo.

Y es que floreces tú:
vida joven que abre sendero
y hace camino.
                    Ansia joven
que anula al tiempo.
Nuestro ayer que se renueva en ti;
tu hoy que siembra surcos
de ese mañana tuyo
que pujará sobre las cumbres
otra luz,
otra sal y otra agua
vencedores, momentáneos, del tiempo.

Renovado diciembre

Para mi sobrino César.

Viniste tú, borboteo de risa,
a la mar de la casa
y diciembre se llenó
de otro ritmo, otra gracia
que anulaba al recuerdo
y vestía de luz las estancias vacías.

Brotaste tú como el trigo
ya a punto de cosecha
y fue tu sol el que penetró
su algarabía de vida nueva
por las frías esquinas del hogar.

Y fuiste tú —trigal de luz—
la gloria renovada de otros versos;
otros versos de vida
que iría poniendo tu balbuceo
de niño en mi regazo.

Y fuiste creciendo travesuras de balones
y palabras por las ventanas y las paredes.
Yo, entonces, le di a diciembre,
a aquel diciembre agudo de otros momentos,
un sesgo nuevo, esperanzado, tierno,
porque había irrumpido el borboteo
redondo de tu presencia
en las horas dolidas de otros días
y traías desde tu misterioso origen
un son nuevo de voces y de gestos.
Y fue diciembre el renovado mes
de un dolor que pendía su alegría
en las hondas esquinas del tiempo.

La esquina de una tarde

Para mi abuela Ana.

Se quedó allí, el pelo inmensamente blanco,
la risa triste, la mano en ademán de adiós.
Y tú doblaste aquella esquina para siempre.

Cuando ahora vuelves a buscarla,
te acercas a aquella esquina aguda
                          del recuerdo
donde quedó prendida su presencia:
las arrugas del tiempo en su rostro claro,
todo el azul del mar en sus ojos hondos
y aquella su suave sonrisa de anciana

119

curtida en hijos,
curtida por el punzón brutal de aquella guerra.

Tú la ves inmensa,
sacando milagrosamente de sus rincones
            fabulosas golosinas:
caramelos multicolores, rosquetes dulces,
galletas tersas y aquellas historias
de amor que te cuenta
            al desgranar la tarde
su bullicio de horas y aroma de café;
aquellas palabras claras, ágiles,
  llenas de la intensidad de sus novelas de amor:
los hombres siempre esbeltos, fuertes, tiernos;
las mujeres hermosas, delicadas,
con grandes ojos verdes.
El amor era siempre así
            y duraba más allá del tiempo.

Cuando vuelves a aquella calle,
            a aquella esquina aguda del recuerdo,
vuelves para verla fija,
                  inmensa,
sin años que puedan ya cambiártela.

            Y te acercas
para tocar otra vez la magia
            de su historia de amor
de aquella tarde, de esa tarde,
de una tarde que no acaba nunca.

A la poesía

No te nombro,
no recorro tus sílabas,

no despierto tu tacto con mis caricias,
no te alumbro a la vida
y estoy anclada
en un mar sin puerto
o navegando a la deriva.

Sé que tengo que nombrarte,
que recorrer tu alma, tu cuerpo,
que modelarte la voz,
que hacer tu palabra: universo,
para que seas conmigo
niña y mujer,
titubeante canción,
repetida armonía.

Eres mi amada,
mi amante,
mujer mía, hombre mío,
isla mía, acantilado mío,
voz de mi voz,
palabra mía de siglos:
poema, caricia, poesía.

El primer tú

Para Manolo.

Primer resquicio de hombre
en mi surco y mi deriva.
                    Primer ayer
en mi hoy como si el tiempo
no hubiera tenido cumbres ni llanuras
            y estrenáramos el canto
sin el peso de las horas ni la fatiga.

Vuelves, primer hombre de mi ayer,
a esa llanura de hoy,
                              a este pozo
y a este fragor dolido de alegría.
Vuelves con aquella misma voz,
aquel ímpetu varonil de tu figura
a prender en mis balcones
el caballo relinchante de tus gestos,
tu risa abierta,
la refulgente espada de tus noches
                                        y tus días,
tu fragor de torso joven,
tu alborozo.

El tiempo te salvó de su naufragio
y vuelves hoy a mi llanura
inédito, erguido contra los acantilados,
oliendo a sol,
prieto y terso,
joven como los hibiscos florecidos.

Vienes a escalar mis cumbres altas,
a traerme la brazada de tus mares,
la espuma revoltosa de tu adolescencia
a mi hoy, a mi ayer,
a nuestros pasos que estrenaban vida.
Vienes o voy o vamos
—isla, retama y canto—
a sernos pasos al unísono,
risa y llanto en un mismo sesgo.
Vamos juntos como si nuestro ir
de ahora,
              aquel ir que nunca fue,
pudiera anular el paso de los años
y pudiéramos decir que hemos sido
dos en uno;
              que hemos recorrido el camino,

que hemos sembrado con nuestros tactos conjuntados
el alborozo refulgente de los hijos;
que en tus ojos puse yo
                la flor perenne de mi palabra
y hubo hogar
                y niños en nuestros pulsos
y cocina y toalla y balcón
y mar ribeteando nuestro imposible sueño de amor.

Retrato de infancia

Para Tití Neno.

Y vuelvo sobre el mar,
                sobre la lava,
sobre las ilusionadas calles de mi infancia,
sobre los charcos de agua entre las rocas,
las barcas de latón,
                la aguda nostalgia.

Yo era entonces una azul algarabía
de ojos grandes
                y pelo al viento;
era un agua dulce entre las aguas
y un pequeño acantilado de sol
que no tenía aún aristas en la piel;
un acantilado en la esperanza
que se erguía cumbre arriba,
que era brezo ascendiendo;
que era tabaiba, verode, tajinaste,
        frondosa platanera,
                estallido luminoso de retama.
La cumbre tenía su cima sobre las nubes,
su pico duro e infinito cara al cielo;
allí la desnudez era absoluta,

allí toda la isla era barco y ala,
                                perfil de dios.

Y yo,
        allí,
era el canto de las olas,
el retozo alborozado de la infancia
que reía sus pocos años en la brisa
ajena al vaivén del tiempo entre las rocas,
ajena al grito-cuchillo de los acantilados,
ajena a la erosión de las aguas.

Veinte y tres de enero de 1937

> Para Nina en celebración de tantos
> cumpleaños oscurecidos por aquella
> muerte en la guerra.

Cuarenta y cinco
años más tarde
amaneces en el fulgor de una isla
y eres madre
y eres mujer
y eres hija y hermana.

Siento la infancia volviéndose vida
y tu paso frágil de niña,
tus trenzas,
tu amplia frente,
las muñecas de tus horas,
tu humor, tu alegría.
Suena a dios en el recuerdo,
suena a mar, a lava.
Suena a tiempo que porfía

por quedar en la nostalgia,
suena a inmensidad perdida.

Hoy mi canto es esta infancia
de tu falda al viento,
de tus frutos en los hijos,
de mis hijos en los sueños.

Hoy la isla te estrena, me estrena,
mujer entera en su más alta cima.

Tu fecha tiene hoy,
enero veinte y tres,
un nuevo día.

Aniversario espacial

Para Elena Soriano.
Para Juanjo en otra dimensión.

Sobre las horas, sobre los espacios,
suave, lento y silencioso tu pasar.
Murmullo blando el de tu tierno astro
que alumbra tenue mi isla y mi mar.

Pasas, sigues pasando, siempre cerca,
siempre lejos, de mi lava y mi lar
pero yo te siento en mi sueño y mi senda
y sé que vives, que todavía sabes amar,

que no eres un extraño en la distancia,
que no hay olvido ni muerte; que el azar
que te llevó hacia otros signos y ansias
no va a poderme nunca derrotar;
que estás aquí, maestro, amigo mío.
Padre, contigo estoy. Dentro de mí estás.

Daguerrotipo propio

En una cartulina desvaída de los años cuarenta
te encuentras con la niña que una vez fuiste:
grandes ojos negros que miran
más allá de este hoy inmenso
con la seguridad confiada de lo inocente:
trenzas rematadas por un lazo,
faz donde no aflora la sonrisa
sino el asombro virgen del comienzo.
Te acurrucas contra el regazo de una mujer
que posa en tu hombro su mano.
Ella sonríe al objetivo:
tus grandes ojos negros
miran al ojo de la cámara que hoy
escudriña en la lejana infancia;
miras nimbada por una luz purísima
                              de amanecer.
Detrás de tu figura hay una puerta
tú estás cara al horizonte
y es éste el que penetra en tu entonces
                              mirada
y te trae a este hoy hecho ayer.

Los dos objetivos se encuentran ahora
en este punto del tiempo
refractando hacia atrás toda una vida,
resaltando hacia adelante todo un proyecto
                              de ser en ciernes.

La foto, en su estatismo de gestos congelados,
está impasible entre tus nerviosos dedos
                              de hoy
que la palpan
                    queriendo darle vida.

La puerta se abre ante tus ojos,
          se mueven las figuras,

hace gestos la mujer,
                    tú sonríes;
un revuelo de faldas ondea en la brisa
                    pura de este amanecer;
se oyen voces, ruidos, batir de mar en roca,
                    algarabía de niños,
olores de cocina, tactos suaves de toalla y jabón,
aroma de cigarrillos, de madreselvas,
fragor de hombres fuertes y tiernos
                                    por la casa,
delantal y cabellos blancos de la abuela,
el olor del café a media tarde,
ajetreo de balones y muñecas,
maceteros que se caen,
carreras apresuradas, risas,
un tumulto de horas desgranando sus días.

Todo este alboroto de ayer
                    se escapa
por tus dedos que nerviosos
        intentan retener la vida que fue,
hacerla palpitante hoy de alborozada risa,
        fulgente hoy de doradas esquinas,
interminable hoy apretado de restallante presente,
un hoy antiguo y nuevo
        que te lleva hacia donde todo es horizonte,
eterno comienzo sin posible fin.

Cumpleaños

                                Para mi madre.

Viene marzo con su día trece,
martes este año,
estrenando como siempre el azahar

y el canto enloquecido de los pájaros.
No es un marzo nuevo,
es el mismo de tantos otros marzos
y los pájaros son iguales
a los pájaros de antaño
y el olor del azahar
huele como olía en otros cumpleaños.
Nada está cambiando.
El tiempo se desliza suave por mis manos,
suave por mis pechos,
suave en mi regazo
y esta suavidad
es mi renovado ánimo
cuando emplazo a las horas
a que vengan a mi fiesta
de azahar y pájaros
esta alborotada mañana de marzo
cuando escribimos con sangre, llanto
y risa el primer poema del amor:
Y soy ya mujer,
dadora de la vida,
vientre ceñido al beso,
vena dispuesta a la andadura,
cuerpo sujeto a cuantos marzos
diseñe, misterioso, el tiempo.

Amanecer

Para Ignacio y Sofi Galbis.

Contra la roca
bate el mar su risa pura
en este aquí de ahora,
en este aquí de irremediable isla.
Y el sol amaneciente
                    y el mar

interrumpen la ceniza de la noche
con su albor de anaranjada alegría.
Tanto galope de luz pone el mar
                    y el sol
entre los dormidos acantilados
que la niebla ya no sabe
si es bruma su aliento húmedo
o es caricia
        o suave penumbra dura.

Todo aquí en esta gaviota de aurora
que cruza el aire iluminado
me dice que sí,
que la isla ondea su espuma
y su aire de cumbre
                    enhiesta
sobre el mar de las horas
            y es verano otra vez,
el repetido verano de los siglos
            y el mar bate otra vez su roca
            y el sol
comprueba que existe el horizonte
emergiendo rotundo de las aguas.

                Nada se ha perdido.

Hoy amanece
            blanco, fuego, negro y azul,
                todo renovado
en una bruma acariciante y húmeda,
en una gaviota relumbrante,
en una reencontrada,
única e infinita isla.

La ausente presencia

Para Héctor Mario Cavallari.

Y en toda la presencia
pujando su porfía de risa y tacto,
de ternura y llanto,
                    de alborozado fulgor.

La presencia que se hace roca dura,
arena y estrella,
                    cumbre y llanura de mar.

La presencia que se ausenta,
que se va yendo,
que se queda;
que es palmera y espuma,
brisa suave de áspera lava.

Y tu palabra que modela su cuerpo
urgente de hombre,
su cuerpo lento de mujer;
tu palabra que quiere retener la hora que fue
            y hacerla cumbre
y escalarla morosa, fuerte,
                    suave, ásperamente.
Tu alocada palabra que quiere retenerla,
que quiere fijarla en la mirada:
toda la niñez,
toda la juventud;
todos los recuerdos en los tactos
como un viento eterno
o un incesante batir de mar
                    entre las rocas.

La presencia que está, que se va,
que se queda en las esquinas
                    a retazos,

y fulge de pronto con su sombra
o su lumínico esplendor
                      en la retama de las horas,
en los hibiscos multicolores del recuerdo.

La presencia que es tu palabra
gesticulando en el espacio,
intentando retener viejos perfiles,
jóvenes gestos olvidados,
                      redondos momentos;
                      un desván de colores,
un perdido baúl de olorosos tactos
                      de algas claras
y finos aires de cumbre.
Tu palabra que hace real la ausencia,
que le pone textura de labio,
                      ternura de beso,
                      cuerpo de presencia,
acantilado perfecto de amor,
                      de amor,
del único amor posible.

DIMENSIONES DE LO MUTABLE

Si viniera

Para Francisco Carenas.

Si viniera inmensa
como la vida misma
                    la palabra
y fueran ríos los montes
             y cielos abiertos las malvas
violetas de los caminos
y días fúlgidos de viento
las aristas de los acantilados.

Si viniera inmensa
        como la vida misma
                    la palabra
y el llanto abriera sendas puras
entre los brezos de los senderos
y los guijarros humildes de las veredas
brotaran su luz primera.

Si viniera inmensa
como la vida misma
                    la palabra
y el beso fuera tacto infinito de cuerpos

y el sudor y la risa y el sueño,
y el cansancio-regazo del amor
fuera hondamente verdadero.

Si viniera inmensa
como la vida misma
                    la palabra,
el tiempo reiría absurdo sus arrugas
y el caballo de la sangre
estallaría en galope recio
la blanca crin de su alegría.

Si la palabra habitara,
si la palabra fuera,
si la palabra, incisa, temblorosa,
balbuceante, perdida, cierta...
¡si la palabra fuera poema!

Las rocas tiernas

Para Gloria y Juany.

Deslumbra el mar
sobre las rocas tiernas
una noche de lunas y alegría.
Hay sobre la piel del sueño
como un eco de luz,
como una ráfaga de tacto
de albor de amanecida.

Y subo los peldaños del presente
hacia una cumbre antigua,
hacia una vida mía de entonces,
hacia un ahora de ayer
y repica a horizonte y azul este hoy

como si de nuevo
el cuerpo alborozara adolescencias
y capullos en ciernes de futuro.

Escalo firmes pisadas mías
que se repiten iguales y distintas
por las blandas rocas
donde apoyo mi brazada de horas.
Es un racimo de luz
que se florece deslumbrando la mar
de aquel primer tacto que fue vida.
Y yo prosigo joven y fuerte,
desnudos y ágiles los pies
sobre las tiernas rocas de otros días,
pero no estoy llegando
ni saliendo de ningún lugar.
Sigo, como siempre, anclada,
caminando del azul al azul
—del amor al amor—
por islas de suaves rocas florecidas.

Noviembre

Para Enrique Ruiz Fornells.

Vuelven impresionantes los árboles.
Vuelven esbeltos los sueños de entonces;
húmedos sueños altos
en las copas de los pinos.

La brisa se acurruca en las ranuras
tiernas de los tactos.
Todo el ayer, hondo y cálido, se agolpa
entre las luminosas hojas verdes de los plátanos.
Madura el sol su hervor de luz

sobre los labios,
sobre la piel,
entre las manos
y un redondo sentir pálido
habita el interior de los espacios;
un blando, dulce, lento fulgor
que invade y envuelve,
que acaricia y quedamente canta.

Noviembre, en racimos de oro,
sabia, suave, morosamente avanza.

Desde el balcón

Para mi ciudad natal: Santa Cruz de Tenerife.

Otro balcón se asoma ahora sobre el tiempo
pero es el mismo mar de entonces,
su dilatada llanura azul,
su rizado cuerpo
y, por las noches, son iguales sus guiños
de enlutados barcos en la bahía.
También la ciudad de entonces
se vislumbra agazapada entre los urgentes cajones
de este precipitado progreso
y palpita blanca y suave contra el mar,
diáfana y dulce como un sueño.
Yo la contemplo
adormecida y entregada
        en las cálidas noches del verano;
la transito tranquila
        desde mi bullicioso ir de aquel entonces
y se me ofrece otra vez con sus calles ascendentes
como apretados rezos que la lava
elevara sobre el mar.

Tienen mis nombres sus calles,
los nombres claros de mis primeros pasos,
el del primer temblor,
el del primer beso,
el de la furtiva caricia y el sonrojo,
el de la adolescencia toda fulgor.

Desde el balcón la ciudad me entrega mi ayer
y yo la contemplo como si hubiera horizonte
y voz de amigo en los atardeceres,
voz de padre y de maestro
y la charla se remansara
                    y todo fuera proyecto de futuro;
como si ante mí la vida estuviera ofreciéndome
sus pletóricos racimos de horas sin fin
y el mar fuera una raya infinita
para mis ávidos ojos jóvenes.

El balcón es el mismo
                    pero no es el mismo;
es como si faltara un hilo de voz,
                    algo tenue,
algo dulce y fuerte.
Es como si el tiempo hubiera
                    en el balcón
                    envejecido.

Las doradas esquinas

¿Dónde, ahora, buscar aquellas doradas esquinas?

El mar zumbaba su azul algarabía
por los pulsos restallantes de las horas
y las arenas negras se enardecían de fogosas espumas.
Retamas fúlgidas trepaban por las intensas laderas
                              de lava.
Hibiscos multicolores cimbreaban su audacia.

¿Dónde, ahora, buscar aquellas doradas esquinas?

Enhiesto en cono, en triangular osadía
contra el espacio abierto
apuntaba la roca su gloriosa angustia teide arriba
y todo era subir, subir y erguirse afirmando vena,
afirmando grito-cuchillo de acantilado,
verode protector, tajinaste altivo y solitario.

¿Dónde, ahora, buscar aquellas doradas esquinas?

Todo era fragor de comienzo,
de cuerpo joven que se palpaba a punto de vida,
a punto de empezar el trayecto;
cuerpo sin ausencia y sin retorno,
sin historia que llevarse al recuerdo,
cuerpo en brioso trote por las arenas y las espumas.
El espacio no tenía aún ranuras ni resquicios.
El espacio era el azul alborotado del horizonte
                    y la roca prieta y fuerte en la subida.

¿Dónde, ahora, buscar aquellas doradas esquinas?
Aquellas altas cimas del amor,
aquel borbotón de alocada risa entre las peñas,
aquel raudal gozoso de luz resbalando entre la
                              lava.

¿Dónde el brioso trote de las horas
a grupas del desbocado corcel de los días vírgenes,
de los rotundos días de piel y músculo en sazón?

¿Dónde aquella aguda, refulgente
espuela de sol
picando los impacientes ijares de la alegría?

El arrorró

Para Juany.
Para su abuela Pilar en otra dimensión.

La mañana es azul. ¿Serán los ríos?
Un arrorró lejano entre los sauces.
Brilla un entonces suave.
Acuno al frío y lo hago redondo
en mi regazo,
        lo hago fluido, cálido;
lo hago poema de amor,
nostálgico camino,
          blando
acantilado y áspero guijarro.

No quiero que la noche
habite el ámbito
donde su faz se hunde;
donde la están esperando
los vientos de los siglos
que quieren protegerla con sus fieros aullidos.

Mi arrorró la retiene,
la acuna, la hace niña en mis brazos;
le quita de su rostro
        el zarpazo del tiempo;
le llena de inocencia la mirada.

Mi arrorró
la protege
de las fauces que gritan,
que reclaman su tierra.

El espacio la espera;
mi canción de cuna

—su voz en mi infancia—
no logra retenerla,
no la esconde, no la salva
y veo que llegan tenebrosas las horas;
que mi canto se apaga,
que su voz se destrenza,
que mis brazos se hielan,
que su mirada se enfría, se tensa,
                                    y dios
—como un sol refulgente—
corta el aire, la mañana azul,
los ríos, los sauces... su silueta.

La canción de los siglos

Para Mercedes Junquera y Robert Early.

El júbilo está ahí en ese recodo
                    fúlgido de la esquina
que el tiempo pone en la senda.
                    La brisa está fulgurante
en el potro de la alegría.
Tenso y terso el músculo;
                    elástico y suave el trote
de las horas en la piel del canto.

Nada se está acabando.

Nada niega el amanecer con su gaviota
                    de blanca sal
que vuela costa en sus alas
                    y anuncia espumas de playa.
Vamos a seguro puerto:
hay un faro inmenso en la llanura
                    del mar

y se oye el grito-cuchillo de los acantilados
                    hender su risa de agua en el viento
y luces de barcas faenadoras del pan
                    puntean el anochecido horizonte.
La luz vendrá,
                    será mañana
                    y estallará el sol sobre las aguas.
Diremos de nuevo el canto de siempre
                    y sonarán inéditos su ritmo y su palabra.

Volveremos al comienzo del día
                    sin la tortuosa fatiga del laberinto.

Cantaremos otra vez la canción de los siglos.

Otra ausencia

Otra ausencia otra vez entre las jaras,
ya no importa de quién,
                    cuál su nombre,
su gesto o señas;
                    es redondo el vacío,
es inmemorial como el recuerdo:
algarabía diminuta que se destrenza
de horas y perfumes,
                    de cantos solitarios,
de atisbos imposibles en otros mares.

Y así repetida la misma luz
                    de un azahar antiguo,
el mismo canto de marzo entre los pájaros
                    y abril, enigmático abril,
pensando ya en el verano
como si el tiempo fuera esta nostalgia
                    nueva de llanura y álamos

y hubiera algún acantilado o castillo
        esperando a la espuma;
a esa espuma blanda y risueña
        que le recuerda a la arena,
            labio a labio,
su siempre ausencia.

Palabra en pos

Para Marta Olsen.

Palabra a punto de ritmo,
de voz que quiere ser;
urgencia de un decir antiguo, milenario,
estrenado hoy entre mis manos;
un canto que enajena,
que absorbe,
que hace a dios habitable entre los álamos.

Palabra, palabra,
                augurio de vida entre la vida,
sed infinita,
    ansia de vena enarbolada,
de isla en punta,
de isla alada en la distancia.
Palabra que es estreno
        y es ausencia
y es retorno siempre,
            siempre vuelta al mismo mar.
Presencia exacta e infinita
cuerpo entero en la caricia,
aventura de playa
y acantilado,
de lava y espuma,
de diciembre y flores de pascua en las veredas.

Retorno y ausencia siempre es la palabra.
Condena y cielo su cuerpo de página
en blanco.

Verso mío,
        verso vuestro,
palabra-siglo a mi figura,
gesto al gesto con que me he venido diciendo
            mi trayecto y mi paso,
aquella mi voz primera,
           mi segunda voz en el tiempo
hoy aquí presente y ausente,
        en retorno,
          mi sed,
mi insaciable sed de ausencias.

La estancia cerrada

¿Serán los pájaros los que están trenzando
tanta luz sonora entre los árboles
o será el sol el que salta ardiente
de rama en rama invadiendo de tacto
la mejilla, la mano, el torso,
el pie descalzo que camina
por toda esta turgente hierba iluminada?

¿Qué abeja y para qué antigua miel
estará libando tanta luz sonora
frente a mi ventana?

            Mi ventana
que no mira hacia fuera,
que es una solitaria estancia
          en suave penumbra,
una ola blanda sin apenas espuma
que acaricia lentamente a la arena.

¡Que no vengan el pájaro ni el sol!
¡Que no me libe su vieja miel la abeja!
¡Que mayo sonoro de luz no abrase
el aire resignado de mi senda!
Dejadme tras la ventana entreabierta,
en mi suave penumbra solitaria,
que no quiero oír los gritos del sol,
ni el incendio restallante de los pájaros
ni el alboroto amarillo de las abejas
ni el aleteo ilusionado de las ramas.

Meditación en torno al castillo de Jadraque

Para Candelas Gala.

El aire ondea su negro pájaro
                    contra las almenas
y las nubes,
esas móviles manos sombreadas
con que la brisa acaricia a los campos,
albergan todo el ayer
en el ritmo de otros cuerpos y otras almas.
Este mar festonea su vaivén
bajo un barco de piedra
que es de siglos y de historia,
de risa y sudores,
                    de lágrimas y esperanzas.

Hoy en este páramo y altozano
mi canto de isla
no sabe ser barca ni espuma,
ni acantilado ni lava
sino que se vuelve piedra en almena,
                    en torre,

en patio donde la hierba dice
su silencio de siempres
y donde el eco de otras voces
retumba a pleno sol,
a pleno día,
a pleno pájaro pulsando sus alas
contra el borde de los siglos.
Y, sin embargo, este castillo de honda piedra
       es también teide de tiempo,
acantilado contra el que se estrella el embate del viento,
                            del mar;
cumbre que resiste al paso de los días,
palabra que deja su son
en el agua inmensa de las horas.
Y es presencia en la ausencia,
vida en pugna
que ancla su pétrea barca en el páramo
y enarbola en el mástil más alto
la infinita bandera del tiempo sucediéndose
ola tras ola contra la playa;
batir incesante del viento en la llanura,
piedra fúlgida resistiendo la erosión de las aguas,
torre y proa avanzando sobre la tierra,
almena y quilla anclando su porfía
                     en lo alto,
                     en lo hondo;
castillo y barca del amor,
del amor —de la vida— que no acaba nunca.

Razón del trayecto

                   Para Domingo Pérez Minik.

En el recodo, ahora inmenso,
se cierne seguro el olvido:

labio y tacto en otro contorno,
paso y pulso en otra imantada porfía.
Llegar no llegaremos nunca;
no tiene el horizonte más norte
que su ilusa raya azul en lontananza
y no hay barca capaz del trayecto.
La senda era el mar,
el mar que no tiene más veredas
que una proa hendiendo su alboroto de espumas.

Pero teníamos que emprender el camino
que llevara a alguna parte,
que fuera ilusionado a un lejano
puerto más allá del mar.
Teníamos que buscar la razón del alborozo,
la razón de tanta encabritada alegría
y pulsarle a las horas su músculo y su sazón;
palparle a la palabra su piel de canto,
decir ilusoriamente de nuestros gestos
y nuestra precaria figura;
dejar sobre las aguas, en su vaivén
sin brújula alguna,
la esponja negra de una lava cualquiera
configurada en ardorosa y puntiaguda
isla de vida.

La mudanza

Para María Elena Bravo y James Maharg.

Entran y salen del mismo espacio
llevando y trayendo como yo entonces
carteles, libros, algún pétalo perdido,
platos, toallas,
el papel azul de un sueño.

Se afanan en su trajinar
con la persistencia instintiva de la hormiga:
se doblan, se estiran, se mueven,
en un continuo girar sobre sí mismos
y el día espléndido se cierra
luminoso sobre el rojo de otro atardecer.

Ya no hay campanas ni voces
que suenen a aquel primer espacio
de otras horas,
pero sigue el canto rotundo
sobre el inmenso devenir;
se trenzan palpitantes los tactos
y se vuelve a poblar el vacío
de risas que no acaban,
de ansias que no acaban,
de inacabadas esperanzas restallantes.
Cruje el aire su manotazo de aroma
y bulle habitado, gozoso, todo el ámbito.

La vida estrena otra vez
su dimensión de lo mutable:
árbol y arena que renacen
iguales a sí mismos;
huellas nuevas
que se marcan con otros pasos;
mar y cumbre que se alzan
batiendo el sincesar del sueño,
renovando la caricia,
el tacto de los labios.
Primavera de pronto entre las manos.

Amanecer en el monasterio de los Olivos

Para Julia González.

Aquí la mañana la anuncian
con sus diminutos clarinetes
los pájaros que ayudan a la aurora
a romper la sombra húmeda de la noche.
El parloteo, arabesco sonoro que ellos tejen
                              en la brisa,
se hace perfumado,
                    suave y denso
como el naranjo de marzo
                    sin frutos ya
pero abotonando de futuro
a la primavera.

Yo no sé si toda esta charla
de pájaro en la brisa,
o aurora en los pájaros
o canto alucinado de la noche,
yo no sé
si todo este confuso tacto
                    de los sentidos
tiene un azul íntimo en sus recodos,
un batir de mar en las arenas;
si trae una luz reidora de otros días.

Yo no sé a qué tanto trino
trotando sobre la grupa del azahar
                              en la brisa;
a qué tanta luz de marzo
alada entre los blancos naranjos.

Yo ya no sé a qué tanto
denso y suave perfume de trinos
          picoteando de aurora este aire.

147

Yo ya no sé qué pensar de este marzo
tan sonoro,
                tan luminoso,
                        tan perfumado,
tan perdido en un júbilo antiguo
                    de otros marzos.

No entiendo su devenir,
        su vieja figura de trinos,
                    luz y naranjos.
No sé por qué hoy viene
hasta la sobria ventana,
                este alborozado,
                confundido marzo.
Quizás haya sido la brisa,
    o quizás habrá sido un cuarenta y siete
                        cumpleaños
o tal vez es que marzo tenga la costumbre
                de meterse entre las horas
como la luz, el trino de los pájaros,
    el azahar suave y denso de los naranjos...

El olivo

Recorrer la senda del girasol,
                de la amapola,
                 de la espiga,
como si allá a lo lejos
estuviera el señuelo excitante del horizonte
y el trayecto a seguir
                no fuera surcos de horas
ni fijados recodos que marcaran la vida.

Todo es llanura de sólida tierra
                que se turge de vértices concretos,

de inescapables esquinas:
       un río, un olmo, una aliaga,
       la pareada sed de un viejo olivo.

En este paisaje cierto
no ondula la mar hacia adelante
ni la esperanza en punta de isla.
Esta tierra de ahora no va yendo,
no hay vaivén en su acuoso cuerpo,
no tiene la renovada fe de la espuma.

Aquí, en este ahora, no hay
       sensación redentora de mar abierta,
       de horizonte a recorrer
de caballo joven relinchando arenas
       que salpican sol.

Aquí la tierra da su fruto cierto,
     el maduro manjar que ahora es la vida.
Verodes, tabaibas,
tajinastes y sueños,
   hibiscos de otros tiempos
            no hay
en esta luz de girasol y espiga,
en esta otra sangre, quizás alborozada,
         de la amapola.

El trayecto ahora no es el mar
enlazando la cintura de la isla
ni la bóveda azul coronando su cima.
En esta tierra blanda y dura
impera el canto digno del olmo,
la mansedumbre del río,
el polvo resignado de la aliaga
y el olivo.

       El olivo,
desgajando tronco en dos mitades.

El olivo,
rugoso grito agarrado a la tierra.
El olivo que como un replegado clamor
                    sobre sí mismo,
pone la certeza de su trazo de tiempo
            en esta solitaria llanura
por donde van los pasos de hoy
            sin más son de mar, de isla,
que estos poderosos ecos que retumban
su acantilado de espumas
entre las ya fatigadas esquinas.

Un alto en el camino

   Para José María Naharro-Calderón y Mary Murphy.

¿Y era éste el canto esperado
        en una revuelta del camino;
este suave diseño de las jaras,
        caídas estrellas de los cielos
        sobre el verde de los campos;
o este pan candeal con que el sol
amarillea los trigales
o este trastoque de trasnochada caricia?

¿Para este recodo iba la tortuosa senda
o hay más?
¿Hay otras jaras de sueños? ¿Otras ranuras
florecidas de tomillo entre las rocas?
¿Habrá un mar que no sea río verdeante
de sauces y peces como móviles agujas vibradoras?
¿Habrá un tajo de acantilado
hendiendo el espacio con su espuma,
algún verode perdido entre las cumbres,
algún hibisco floreciendo en las cunetas
                        de los caminos?

¿Qué camino es el que hay?
¿Qué ausente presencia en qué senda?
¿Qué vereda llevará a qué fin?
¿Qué malvas, amapolas, jaras y retamas
bordean este ausente paso por la llanura?
¿Hacia qué castillo sin cumbre en punta,
sin pugna de isla en rezo de mar,
sin encabritada porfía cielo en alto
                              va este son?

¿Hacia dónde
        este suave, resignado, ausente son
        sin faro aliviador de costa alguna?

En pos del canto

Para Jorge y Teresa Valdivieso.

Quizás el canto,
este canto asordado sin fragor de espuma
rompiéndose contra los fúlgidos acantilados
sea, precisamente, eso: sereno ritmo,
silencioso son que susurra apenas
su silabeo blando entre tiernas espigas.
Canto que se supo restallante látigo
de luz sonora en las cumbres
cuando aún la vida fulguraba horizontes.
Canto que fue cascada colorida
de campanas contra la brisa,
cascabeleo de caballos en su devenir de sueños,
abrasante lava en pos de un sólido mar.

Hoy el canto
es apenas esta voz suave
que se filtra silenciosa entre las sílabas

y hace un ruido diminuto, inapreciable,
como si todo su decir

                       fuera una nube,
algo blando, inexistente,
algo tan nada que no tuviera
               ni el mendrugo salvador de la palabra
para afirmar su trazo,
              para decir, iluso, su enramada
de horas en algún camino y hacia algún lugar;
algo tan ser, tan siéndose,
            que se afirmara,
que gritara que es, que se tiene,
que cumbre enhiesta se mantiene
            y lava adentro
es negra roca dura que embiste al mar
como si el mar aún le ofreciera
            la raya esperanzada del horizonte
para seguir enarbolando todo el azul,
para erguir su grito-cuchillo de acantilado
contra la luz de ahora,
                contra la postrera luz.

INSTANTÁNEAS DE LO VIVO

Otra palabra

Por estas rocas blandas
yo tuve firme la pisada
y el gesto dulce apuntalado de alegrías.

Aquí tuvo la vida
sus dragos milenarios, sus altos tajinastes,
sus tabaibas suaves,
sus retamas de sol,
sus hibiscos florecidos.

Todo aquí se hizo de luz
cuando aún no era senda abierta mi camino.
Mi camino de mar azul, de cielo azul,
de azul horizonte en lejanía.
Era tibia la espuma
que la brisa salpicaba contra mi piel.
¡Qué rotundo el pie desnudo
                    sobre la arena embravecida!
¡Qué enhiesto y poderoso el acantilado del amor!

Era la luz de aquel entonces
tan inmensa como la misma vida.
Y era mía aquella luz.

Yo la estrenaba en mi sangre amanecida
y acudía con mi sed de dios
a devorar la porción avariciosa de mis horas.

Aquel era el estreno glorioso
                        de la palabra.

La palabra.
El único cielo, mar, roca, isla
            de mi ansia de entonces,
                de mi claror de ahora,
                    de mi postrera sed.

La palabra celebrando la vida.
la palabra —mi palabra— de entonces, de ahora.
Mi palabra siempre: volcado volcán sobre sí mismo.

La siempre abeja

Y ahora eres luz
entre mis manos vacías;
modelo eres transparente de mi ser.
De mi oscura cavidad
eres fúlgido cristal, aurora pura.

Yo quisiera, instantánea de esta hora,
modelarte mármol o granito
—patente concreción de mis esferas—
y que fueras, sí, que fueras,
emoción, verso,
tierra oscura en mi espejeante tierra.

No quiero la instantánea ráfaga
que es sol, estrella, estela,
cósmico ser sin serse,
espejo que se copia y no se queda.

Ven en ancla, en quilla.
Ven en briosa vela;
                quiero barco
que surque la mar,
que atraque en puerto
su palpitante cargamento de tristeza.
Que sea, a la vez, ola y arena.
Que cruja y se rompa,
                   que se atreva
con el acantilado.
                   Que esté dispuesto
para el viaje que me lleve al final,
al recodo de una flor cualquiera
                 guiñando su néctar
a la siempre abeja.

Diecisiete renacer

Creí que renacía la luz,
que su turgente cuerpo de voces
era mi voz;
que su palabra fúlgida
corría vientos de espacio en mi sangre
y se abrían las cascadas de los tactos
como inmensos girasoles sobre el mundo.

Era dios habitándose en mis cejas;
eras tú infinitamente entre mis ojos.
Junio irrumpía a borbotones por la casa
inundando la vigilia con sus caracolas
y su rumor de mar e isla.
                Eras tú
que poderosamente se entregaba a mi palabra.
Y era yo que abría con mis tactos
el acantilado solitario de tu sueño.

Navegábamos.
Arista de roca y mar batiendo
su canto. Penetrando. Haciendo el hijo
de espuma que era el sueño
imposible de nuestro poema de amor.

Eras tú tan irreal,
tan fúlgidamente ausente,
tan silencio entre mis tactos;
que fui yo,
sólo yo,
la creadora de tu cuerpo y de tu llanto,
de tu risa y tu suspiro,
del ala aguda de tu voz,
de tu pincel y tus escorzos,
del lienzo inmaculado de tu no estar.

Yo te creé
en aquel sueño diecisiete de verano
entre álamos y llanura,
entre cercanos acantilados y espumas.
No existió cuerpo alguno entre mis brazos.

No fue dios en mis cejas
ni hubo sudor más que el sudor de mi palabra
sobre la sábana desnuda en madrugada.
No hubo ni agua ni jabón
humedeciendo las toallas del júbilo.
Era yo,
sólo yo,
que me creía diosa y dueña del mundo
y navegaba acompañada
de mi invención de tactos y palabras,
de gestos y ternuras,
de pasiones;
de redondas fidelidades como esperanzas.
Yo que creí que el amor era más

que una palabra aguda como el acero,
cortante como el puñal,
dura como el acantilado,
penetrante como el agua con su suavidad
silenciosa que horada y que persiste.

Era yo
que me estaba diciendo de nuevo la palabra.

Podría ser

Podría ser, amor, que fuera,
que yo te concediera
otro verso, otro verbo, otra voz;
que yo te convirtiera
en suave devenir,
en paso claro,
en ala con perfiles.
Podría ser, amor,
pudiera.

Pero no vuelve la luz
a su sesgo y su cuenco,
a su primera
emoción de los tactos
en las cumbres que estallan
de primavera
su retama y su hibisco,
su pimentera
adolescente, joven,
veloz como la tierra.

Podría habitarte entre mis cejas
y que fuera tu cuerpo
mi más honda mirada,

mi más tenue silueta,
mi tabaiba en tu roca,
mi verode en tu teja.

Podría ser retama en tu cumbre
y azul algarabía de estelas
en tu velero al viento,
al viento blanco del planeta.
Ser galaxia infinita,
inmensa galaxia que no se aleja,
que no se pierde nunca,
que nunca se destrenza
de su roca y su mar,
de su retama y su tierra;
galaxia de amor que no se acaba.
Amor que persiste, que no cesa,
que ama, ama y ama
y amando se cree eterna.

Podría ser, pudiera,
que de nuevo estallara en canto
mi adormecida, ausente tierra.

Volver a ti

Volver a ti
es volver al hombre, a la mujer,
al cielo, a la espiga;
es volver a dios,
es volver al comienzo de la vida.

Volver a ti
es descubrir la palabra
en su vibración más íntima,
es hacerme lumbre y mar,

acantilado y bahía;
es correr ladera arriba
como corre el viento en la isla
y escalar espacio, tacto, perfume,
cavernas y rocas amanecidas.

Volver a ti
es volver a mi voz
a mi silencio de siglos,
a mi enarbolada palabra,
a mi precaria alegría.

Volver a ti
—acantilado, cumbre,
ladera, espuma—
volver a ti
es volver a mí misma.

New Orleans 1980-1984

Rompió en aquel entonces
la armonía su perfecto cuenco
y se hizo torpe modelado
lo que había sido pulido intento
de arcilla y fuego,
de yunque y misterio.

Fue un oscuro pasar,
un latigazo negro;
la fosa de un siniestro
y caótico tiempo.

Hoy se vuelve oro lo que fue
látigo, fosa y tiempo siniestro
y crujen restallantes las risas

con su alba de estreno.
Suena el aire a recobrada paloma,
suena a beso,
a río y barco,
a un oloroso verde auténtico
a cascos calurosos de caballo,
a brioso tacto de torso y senos.

El tiempo ofrece hoy
su recobrado jazz
de naranja intenso,
el charol brillante de este negro,
luminoso, ser de ahora;
de este blanco, tenebroso cuenco
que cifra su tacto y su huella
en palabra alucinada,
en lejana semblanza de verso,
en vida,
en vida,
en poderosa vida recobrada;
en luminoso, infinito cieno.

El reencuentro

Serpentina de insectos
contra la triangular del pino
jaspeado de sol a mediodía.
Pasa el caer ondulado de la fuente
y el harpa de Zabaleta.

               Mayo ya
como las flores,
como los nísperos amarillotersos,
agridulces,
          en un canto apuntando veranos

para este frío blando
que circunda las horas de ahora
y rompe entre los huesos
su invención del reencuentro.

¿Reencuentro en los tactos?
¿Reencuentro en lo hondo y la ternura?

Serpentina de insectos
contra el triángulo del pino,
contra el sol,
contra la mañana.

El aro azul

I

Era el aro azul de un sueño
a pleno sol, en una plaza, a mediodía.
Restallaban los trinos de los últimos
pájaros de septiembre.
El aro azul tenía que vencer al tiempo,
a la ausencia y a los astros.
Su azulada fosforescencia ponía en la mano
una única fuerza.
El aro aunaba mares y momentos.

II

Y estuvo fuerte y limpio orillando el anular.
Voló años y espacio.
El tiempo lo iba poniendo azul y plata
y el dedo tenía su nicho para él,
la ranura-regazo donde encajaba

161

con su tacto único y su peso ligero;
con su son y su silencio.

III

Y era el aro, dedo, mano, muñeca,
brazo.
Era el aro cuerpo anudado a otro cuerpo;
era halo de alma en otra alma,
era azul, infinito espacio
de dos voces en una,
de dos tactos en uno,
de dos pasos en una huella.
Era el aro que ataba indeleble los ánimos
y anulaba al tiempo: su ir, su venir,
su parada, su hábito.
Era el aro, azul, como el cielo,
como el mar, como los astros.

IV

El aro roto, destrozado,
fragmentado azul
en otro otoño cálido
y el dedo abierto en regazo, en ranura
y la muñeca y el brazo
y el cuerpo vacío sin su tacto
y el paso sordo sin el son de su paso.
Un aro azul roto una tarde
de septiembre en que trinan de nuevo
los pájaros su fracasado sueño de otoño.

Letanía

Sí, has podido.

Has podido elevar el canto
sobre el rastrojo y la espina.

Has podido ascender la cumbre
hollando cactus, hollando ortigas.

Sí, has podido.

Has podido aupar la risa
sobre la lágrima y la agonía.

Has podido plantar la semilla
en tierra yerma, en tierra marchita
y la semilla ha florecido
cimbreándose en espiga.

Sí, has podido.

Has podido coronar la cumbre,
anclar allí tu letanía
y ha sido tu rezo
como un nuevo son
que hincara en los cielos
su renovada esperanza,
su promesa, su porfía.

Sí, has podido florecer en canto
tu dolida letanía.

Presente

Ahora yo te adoro.
Ahora.
Ahora eres nube de rosas en mi sangre,
eres canto y grito,
eres huracán de ternuras en mis tactos,
eres dios.
Ahora,
ahora yo te tengo infinita algarabía
                              en mis pulsos;
luz y sombra en mi risa y mi llanto;
acantilado y puerto en mi deriva.

Ahora, amor,
yo te sé tan en mi hondura,
tan en mi centro,
tan en mi yo como yo misma.

Ahora
no eres sino yo: no soy sino tú.
Ahora somos barco y mar,
cumbre y llanura,
volcán y lava,
alga y arena.

Ahora en este ahora
que desafía al tiempo que cambia
tactos, afectos, frescura;
ahora venzo en el amor,
eternizo a dios entre mis brazos,
lo hago, por ti, niño mío, hombre mío,
niña y mujer, dios en mi regazo.

Ahora, amor,
aquí te amo en el único siempre posible.

Soneto del amor

Penetró tu aguda voz en mi centro
con su aroma de afilada brisa,
su tierno y duro tacto de sonrisa,
su acantilado rumor mar adentro.

Era tu cuerpo tan núbil y terso
como un mástil fuerte, joven y enhiesto
que alzara poderoso su alto gesto
para tocar la cumbre de mi verso.

Y cantaron tus pulsos en mi sueño
y tu quilla entreabrió mi hondo silencio
y fue fuego tu ancla en mi misterio,
fue volcán irradiando su deseo
de retama encendida como un beso,
de fulgor coronando mi universo.

Las monedas falsas

Fue mentira el ritmo y la andadura,
el son y la caricia
de las manos,
pero el poema se inventó el camino,
el eco de los pasos,
la voz y su milagro.
Y fue creando auroras y deberes,
ese dulce entramado de las horas
del hogar cercano.

Y así creció el tiempo
su camisa y su toalla,
su eco hondo de lo cotidiano.

Había albores en las esquinas
y nubes blandas en los recodos.
El poema se hacía casa y ciudad,
algarabía de mañanas.

Pero era mentira el ritmo y la andadura,
la suave compañía de las horas,
el sol de las estancias.

Aquella luminosa voz era la nada,
la nada disfrazada de alegría,
de paso, de cocina, de toalla.
La nada que tenía falsos timbres
                              de palabra.
La nada que se había vestido de voz
y simulaba un mar y una isla
con siete niños en sus recodos
y cantos de palmeras y retamas.

Aquel amor fue el tintineo aparatoso
de un sinfín de monedas falsas.

La ausente brecha

Sabías que en la albura estaban quietas
las luces y las sombras de otros tiempos
y que debajo del hondo silencio
te crecía la noche sus siluetas.

Mas seguías luchando, en la honda brecha,
como si todo aquel dulce dolor
fuera en tu sangre el ácido fulgor
de aquel mes, aquel día, aquella fecha.

Hoy tú sabes que el mar sigue batiendo
contra aquella arena y aquella roca

pero sabes también que ahora te toca
desanclar el barco, dejar el puerto,
volver al sueño de siempre, despierto.
Llorar. Reír. Sentir. Seguir latiendo.

Cuánto

¡Cuánto invento de tacto, de gesto y de ternura!
¡Cuánta luz ideada sobre soñadas cimas!
¡Cuánto amor en olvido!
       Y cuántas, cuántas veces más
será necesario crearse la vida
para que la vida pugne vena enarbolada
cumbre arriba
      afirmando un canto que no existe;
un canto que crea el paso balbuciente
y la palabra con su temblor de sílabas.
El canto, sin embargo, imprescindible
para creer que existe el beso de los cuerpos,
la hondura de la voz,
la mirada infinita de dos almas.

Y no viene el poema

Y no viene inmenso como la vida misma
el poema
y eres un tanteo oscuro sobre la tierra,
un surco sin posibilidades de sol,
sin humedad turgente de semilla
que pugne, que se atreva,
que se eleve enhiesta en tallo
y ya sea planta
       y ya sea flor alborozada
en todo el planeta.

Y no viene, no viene el poema
para que tú vayas a tu raíz más tuya
y te yergas, candelabro de tabaiba,
entre la roca enjuta
                                    y seas
dedos acariciantes sobre una brisa de lava
o sombrilla pequeña y protectora
de verode en coloquio con las tejas.
¡Que seas hibisco, pimentera,
flor de pascua en todos los caminos;
acantilado y mar,
      veleta al viento de tu estela
y brices con tus brazos todas las cumbres
      para volver a ser,
            para ser,
                  para no dejar de ser nunca
                              isla
            entre tus espumas y tus peñas!

Pregunta

¿Dónde el claro júbilo
de aquellas inmensas mañanas,
el alborozado trote del corcel de las horas,
la restallante risa del mar contra las rocas,
el azul,
el azul en lontananza del horizonte?

¿Dónde aquellas erguidas manos
de las tabaibas entre la lava,
la risa multicolor de los hibiscos,
la sangre prieta de la flor de pascua
en las veredas de diciembre?

¿Dónde el altivo tajinaste
apuntalando a la cumbre?

¿Qué oscuras arenas suaves
anidan las algas de aquel entonces?

¿En qué recóndita esquina
se oculta ahora el amor,
el amor aquel de los amaneceres
redondos, prietos;
el amor aquel del cuerpo estrenando
tacto, furor, ternura?

¿Dónde aquel tropel de empeñada
ansia en pos de un son,
                    de un canto,
de una palabra que lo dijera todo,
que vibrara mares,
                    que escalara cumbres,
que alborozara júbilo en los recodos
fúlgidos de un tiempo inédito?

¿Para dónde, para qué
toda aquella luminosa porfía?
¿Para este suave, lánguido, resignado
fluir de la sangre
hacia ninguna cumbre,
hacia ninguna mar,
            hacia ninguna nada salvadora?

Hummingbirds

For Emily Dickinson in Immortality.

Todos tus colibríes de Amherst,
aquellos de tus alargadas tardes de primavera
cuando en la cocina tu repostería

era un olor y sabor de metáfora,
                    esos colibríes, Emily,
no se fueron contigo, o si se fueron
                    —ya no lo sé—
quizás durmieron el sueño de los siglos
                    y hoy, sin primavera,
vuelven a mi árbol solitario en este espacio
           y baten su movimiento de ala imparable
en este otoñal aire de mi senda.

Tu poema,
tu colibrí de luz y sombra,
           tu refulgente pluma en el río del tiempo,
me asalta esta mañana de octubre
y viene —luz y movimiento imparables—
a escanciar el dudoso dulzor de mi néctar.
Yo no sé qué palabra mía ofrecerle,
           qué sesgo de mi son cantarle,
qué amplio silencio de horas
bordar en su aire de eterno movimiento.
Pero tus colibríes persisten,
           las doradas túnicas de tus jacintos,
tus blanquinegras abejas,
           toda esa procesión eterna de tu verso,
llegan, hoy, Emily, hasta el recinto cerrado
de mi gesto
           y quisiera cantar desde mi lava,
desde mi fragor porfiante de mar,
           desde la cumbre, el tajinaste y el brezo,
quisiera yo también decirlo sin tiempo,
           sin espacio concreto;
           casi quisiera decirlo sin nombre
y que los siglos lo llevaran en su regazo inmutable;
que no precisara mi voz más palabra,
ni mi mar más lava.
Que mi retamas —como tus jacintos—
           fueran sólo la luz,

170

o el ala imbatible de un colibrí
en perpetuo movimiento.

Soria

Para Antonio Machado en otra dimensión.

A San Saturio subí a llevarte una brazada
de crepúsculo
pero esto es sólo un decir, Machado,
en Soria uno no te puede ofrecer nada,
eres tú quien lo da todo en silencio;
son tus versos inimitables
       los que han puesto la canción
en el Espino, el Duero, los álamos,
       las roquedas
y ahí no cabe otro que tu palabra.
Pero ¿ves?, yo vine de nuevo
como el que se acerca a una fuente
       porque tiene sed;
vine de la mano de Leonor, la de tu sueño de vida,
       de mano de Guiomar, la inventada;
vine con mi cumbre y mi brezo,
mi llanura de mar, mi tajinaste y mi lava.

Vine con toda mi palabra florecida
       como si de nuevo estrenara la mañana
y en San Saturio y en el Duero
       (en Candelaria o en la Orotava)
mi canción de entonces estuviera esperando
y yo pudiera de nuevo
abrir la voz sobre las aguas,
mojar la brisa con mi paso joven,
tensar el músculo como la espuma se tensa
         en la playa.

Venía a verte, amigo mío,
   amigo sin gesto, ni voz, ni cuerpo,
   amigo de sólo alma,
amigo de libro abierto junto a la almohada.

Sí, quise subir a San Saturio, bajar al Duero
   (subir a la Orotava, bajar a Candelaria);
   quise llevarte una brazada
            de crepúsculo,
una violeta de tu llanura,
una retama de la falda del Teide.
Creo que quise llevarte dos voces enlazadas
o quizás he querido, de alguna manera,
                        darte las gracias.

En torno a otro cumpleaños

Quizás es que todo retorna
y un cuarenta y ocho cumpleaños
en un día trece de marzo marca,
            aun sin quererlo,
el batir de las olas de otro instante
            contra el acantilado y la arena.
Y se vuelve desde un recodo del tiempo
            a doblar las esquinas doradas del recuerdo
. y se es pulso refulgente, corcel joven,
rojizo tajinaste desafiando a la cumbre.

No se distingue ya el sueño de lo vivido;
el ansia se yergue arrasando la serenidad
            de este noviembre en las venas
y nace, virgen otra vez, la primavera:
            alboroto de niños, tersura de torso y senos,
risa de espuma entre las rocas,
desbocado caballo el sol a galope por la arena.

172

El tiempo en un frenesí de luminosas retamas
engarza su ímpetu virgen, joven
          y esbelto de entonces
a la musculatura cansada de este hoy,
de este hoy que se infinita de siempres
y puja su bullicioso chorro de energía
verticalmente sobre el mar,
enhiestamente sobre la lava,
erguidamente sobre el pico de las cumbres más altas
como si el espejo cóncavo del cielo
                    fuera su cúpula,
su imposible cúpula de mar al revés.

Conjuración de la palabra

¡Conjura a la palabra para el canto!
¡Conjúrala para la vida!
Que vuelva su ala y su vuelo
a ser almena, campanario, cigüeña
y, alta sobre la nube,
                    sea pico de Teide
en armonía de azul.

Conjura a la palabra para que sea
                              tierra,
arcilla que modele tu ansia;
que sea mar,
                         que sea ola;
ondulante arena redentora.

Dale de nuevo a la palabra
              tu sed primera,
aquella que arrancaba su pálpito
              de la roca,
del hibisco y la tabaiba.

Ponla sombreando sobre las tejas
                su verode protector.
Llénala, como al cuenco, de un sonido
fresco, tintineador, jovial,
                    jubiloso.
Dale a la palabra su son más tuyo,
más suyo de siempre.
Retorna la palabra a su siempre ausencia.

Canción sin despedida

> *Si muero,*
> *dejad el balcón abierto.*
> FEDERICO GARCÍA LORCA

> *Si muero,*
> *ya sé que no veré*
> *naranjas de la china y el trigal.*
> BLAS DE OTERO

Cuando muera,
dejadme cara a la cumbre,
dejadme, retama y brezo,
por las laderas de lava
donde me pueda ir viviendo
los guijarros de mi infancia;
donde yo sienta los vientos
acantilando de espumas
todos los pasos del sueño,
donde yo oiga la mar,
donde yo hable en silencio.

Cuando muera,
dejadme sola en mis islas,
sola en mi sola isla adentro,

que tendré aún que cantarle
siglos de tiempos a los tiempos
y poner ranuras blandas
entre la lava y el brezo,
que no muere aunque se muera,
que no es polvo aunque sea polvo
esta voz que hoy dice:
soy,
siento.

EL SOL, LA SOMBRA, EN EL INSTANTE

Hoy se está yendo sin parar un punto.

KAHLIL GIBRÁN, *El profeta*

El hoy fugaz es tenue y es eterno.

JORGE LUIS BORGES

A mis padres, ya en la sombra, ellos que fueron mi sol.
Para ti, Nina.

PRIMERA PARTE

El sol, la sombra, en el instante

Pico de pájaro y sol
aquí en este instante
en que existe la luz
restallando en trino de amanecer.

No hay otro posible canto.

Somos.
Estamos.
Celebramos la aurora que es,
la aurora que inunda la mañana.

La vida ahora aquí
es trino y albor,
es vena en pie de ser.

Nada fue ni será.

Todo ahora nace:
el sol, la sombra, en el instante.

Primera ofrenda

Verdes copas que la llanura ofrece
   al cielo
       para que en ellas derrame
           el néctar de sus nubes
y libe el sol su miel
       y el campo, ya dios,
          ya templo,
ofrende su espiga de ámbar a los hombres,
            a las mujeres:

     A los hombres, tesoros fastuosos de la vida,
       que tenaces repiten sobre el polvo
          su arado de porfía.

     A las mujeres que acogen en sus cuencos
       la lluvia de los astros
         y el mundo lo copian, lo repiten,
           lo hacen a su imagen y semejanza.
    Lo eternizan en ansias que roturan la tierra.

Ofrenda de las mujeres,
        de los hombres,
           de los campos,
             de los astros.
Fe de lo todo
      en lo todo.
          Ser siéndose.

Luminosa redondez

Alargas el brazo hacia el enfrutecido
árbol
   y coges la luminosa redondez

entre tus manos.
Hace siglos que tu piel no había sentido
la perfecta geometría de un momento
                    brotar
                    y serse
ajena al ayer,
indiferente al futuro.

¿Pero qué hacer ahora con esta esférica armonía?
¿En qué rincón del desaliento,
en qué turgencia de la ilusión
                    ponerla
                —verbo presente—
para que no acontezca nunca el tiempo
por su prieto cuerpo iluminado?

¿Cómo anclar la tersa fruta esférica
                    de tu sueño
en donde no haya mar con vaivén de ola,
donde la vida tenga otros relojes
que no cuenten su cuento a las arenas?

¿Qué hacer? ¿Cómo decirlo?

¿Cómo cantar el canto de las formas
sin que las grietas, las ranuras, las aristas,
                    no arañen
            la iluminada redondez
que acaban de inaugurar tus sorprendidas manos?

Nacimiento

Para Diana Battaglia.

Marzo trece hoy como una cumbre.
Mi madre un canto, un sol, un útero
pugnando contra el polvo su porfía

de tiempo, su roja sed de infinitos
y en el hollado camino mi trazo
titubeante de siglos, de músculos
que quieren ser sueño de horas, altos
acantilado de amor, recios signos.

Mujer de otra mujer, feliz designio
de palabra que crea otra palabra,
un resplandor de dios, un fulgurante abismo,
un misterioso son que hace sendero
y va marcando horas en sus pulsos.

Gozoso el instante, profundo el surco
y en medio de la nada: el sello
                    poderoso,
                         pletórico,
                              único.

El sombrero sobre las aguas

Para Silvia Rolle.

Fue un golpe de viento,
                    una brisa desusada
que, de pronto, envolvió al gesto
          e hizo caer el sombrero al agua.

Voló leve como la brisa,
suave y blando
          sobre la débil corriente que fluía
          acariciada por las olvidadas algas,
                    solo y ausente,
               sombra hacia adentro,
          señero no ser sobre la nada.

No hay

Para Mari Pino del Rosario.
Para su padre, en otra dimensión.

Hay como una brisa tierna
que recorre los caminos.
Un son suave de ausencia.
Un leve tibior estremecido.

Hay como una luz tenue,
una apenas música en las esquinas,
un eco sordo de pasos,
un «se fue», un «no volverá»,
una casa blanca, yerta, vacía.

Hay una orfandad de voz.
Hay una palabra sin vida.
Hay unos brazos con sus huecos.
Hay unos labios ya de acíbar.

Hay un amor sin quien responda:

> «Ven, siéntate a mi lado,
> hablemos un rato, hija.»

Mi poema y así

Para M.ª Jesús Páez de Ruiz
e Ignacio Ruiz.

Y otros que van, otros que vienen.
Otros que saben o creen simular
            lo no conseguido.
Voces por doquier, palabras,
                versos destrenzados,
                    deshilachado sentir.
        Y todo como quien sabe

y no sabe.
Todo como quien busca un son,
algo inmenso que fue,
que es.
Algo que estuvo y se ha ido
por las horas que no paran
de correr hacia la desconocida meta.

Mi poema y así
el borde abismal,
el pozo hondo atisbado
y nunca penetrado en su cabal dimensión.
Trayecto siempre, siempre senda
y camino
que hay que desbrozar de zarzas,
de jaramagos ilusorios
y plantar algo recio y rotundo
que ayude a la marcha,
que dé algún posible sentido
al ser siéndose oquedad que quiere
llenar su cuenco
de palabras verdaderas.

Proseguir porque sí,
sin más.
Proseguir.
Proseguimos.

De Chanatel

Azul el ser otra vez sobre las ramas frías
y un lujo semiolvidado de racimos
por las veredas renovadas de noviembre.
Suena a dorado fulgor,
a playa clara por donde el alma crece

su cuenco de mieles infinitas
y hay en los tactos diáfanos del amanecer
                como un suave devenir de siglos
que anclaran ahora en este albor
                su canto inacabado de alegrías.

Celebra la noche su recobrada luna
                y se viste de albor
como si sólo pudiera ser pleno día,
                pleno sol poderoso de besos,
                de penetradas ansias de inmensidad.
    No hay resquicios oscuros
                ni tenebrosas rendijas que crujan.

Es plena la luz,
                es una caricia de piel y piel,
                de cuenco y cuenco,
                de mar y playa en desvarío.
Es el universo que en noviembre,
                con su fiesta de oros y rojos
                y de luminosos pámpanos,
se ha ido por el camino húmedo y verde
                de la primavera
y en brote, en flor, y en fruto anticipa
                la festiva cosecha del amor.

Los surcos prietos se turgen de caricias,
se alzan suaves y fuertes las olas de la entrega
    y el acantilado absorbe en sus recodos
        toda la espuma de sal de la mañana.

    Canta el pájaro en su nido,
    las gaviotas diseñan sobre la arena
        el arabesco de sus pasos,
    la ciudad despierta ruidosa de besos
     y los cuerpos de los amantes
        —horizontal porfía de la tierra—
enlazan su ser al principio de la creación.

Su creación

Para mi hermana.

Ella te creó, me creó,
con su cuerpo y su desvelo.

Se alzó alta en tu cintura,
frutal y prodigiosa
afanando tus horas con los hijos
                    de su vientre,
                    de tu vientre,
con el redondo cuidado de sus gestos,
    con los pechos de los astros
y esa entereza de su porte,
    ese caminar fresco de su huella
por las veredas compartidas de la infancia.

Ella está en tu mirada,
    en las manos con que amasas el pan
                    de las horas y los afectos,
    en las voces de la casa silenciosa,
        en las plantas y en las flores,
y en ese rumor apenas perceptible
                        de mi voz,
en este temblor callado de mi canto,
en estas derrotadas estrellas de mi firmamento.

Ella está. Tú la ves. Yo la veo.
Ella habita de cocina la ternura
                y fulge potente su energía
        en los sillones, el armario, la mesa,
        la mecedora de los sueños
                donde briza su dulzura de madre,
                    su fuerza de mujer entera.

Ella crece de esperanza mi regazo,
se copia en ti, en mí,
ella es la sangre de mis venas,

de tus venas,
que porfía en pie de pugna
caminos hacia adelante,
veredas, atajos y nortes
que nos llevan, que nos llevan.
Es el llevar. El ir. El decir que estamos
con su cuerpo en nuestros cuerpos,
que no nos vence el momento,
que seguimos como ella alborozadas,
enhiestas
en la penumbra de dos mares
o de dos cielos
que no van a ninguna parte,
que no dan ninguna clave
pero que afirman
madre en nosotras,
madre,
mujer
inmensa.

Tránsito oscuro

Se cierran oscuras las esquinas,
un son de entonces,
una absurda algarabía
y el templo olvidado de la casa
se hunde azul contra la sombra,
debilitado vigía en la llanura.

No hay pasos que retumben su eco
por las cosas
ni tacto anunciador de auroras
en las cimas.
No hay granos de sal.

La noche pugna su piel ennegrecida
y raspa áspera la lija de las horas
con su ras-ras que va hiriendo
el blanco cutis suave de la melancolía.

Ya triunfan los vencejos su grillo por el aire.
Ya cuelgan de la brisa su garabato los cuervos.
Ya gritan su locura en las cuevas los murciélagos.

La noche victoriosa, inmensa,
sigue horadando lentamente
con su viscoso bisturí de sombras
el ojo solitario del tiempo.

Verodes en flor

Verodes con sus conos amarillos
                              ribeteando el aire
donde las abejas beben su agua de oro.
            Hibiscos floreando de rosa, luz y sangre
                        las veredas del espacio.

Flores de pascua arbolando de rojo
                  la brisa perfumada de los caminos.

Mimosas acariciando brillantes algarabías
                        de suavidades.
Flores y plantas cantando su son de color,
                              su son de olor,
        su risa alborotada de vida
              que se palpa siéndose
                  sin más razón que ser,
                                    ser,
                  ser luz, gesto, armonía,
                  ser un suave son

que silabea su sonsonete de serse
                      sin más allá,
                      sin más acá
que este color, amor, dolor,
de un ácido diciembre homicida.

Beso segundo

El mar era suave y la playa eterna.
Por el horizonte punteaba la noche
                              su ojo vigía.
A regazo sonaba la brisa marina
                y a luz de otros momentos.
El recuerdo silenciado irrumpía sobre el sueño
como si el tiempo no hubiera puesto
                          arrugas a las horas
y los tactos estrenaran jóvenes tersuras.

Era de nuevo el bosque intacto de tu mirada,
—el viento azul de mi centro—
que ardía en la oscuridad.
                          Era tu risa como el mar
que batía su incesante labio
                contra la desnuda piel del acantilado.

Y yo me hice por ti lava y espuma,
me abrí de nuevo en universo
para que tu sed bebiera,
para que mi sed se calmara.

Fuimos de nuevo sangre y piel,
        cumbre y arena,
        luz y misterio.
Fuimos de nuevo, juntos, el poema.

El robo

Quiero que vengas y quiero tenerte
alumbrando las tinieblas de la casa.
Que la cocina se pueble de olores:
sopa de besos, azafrán de fuego,
potajes de campo niño y verde.
Tomates alegres como tu risa,
tomillo, aceite, orégano...
tu tacto de madre acariciando
los gestos de mi voz y mis silencios.

Quiero que vuelvas, quiero tenerte
aurora en los rincones que ciegos
buscan tu siempre presencia, tu antigua
algazara de mujer sana y fuerte.
Quiero que vengas, quiero enseñarte
tu clavel y tus geranios, tu salvia,
tus madreselvas, tus nardos, tus rosas.

Quiero que vengas, quiero que veas,
quiero que vayamos a un azul inmenso
donde ni el agua, ni el aire, ni el sol,
ni la roca, ni el pozo, ni la noche,
                    ni dios
            puedan robarte de mi pena.

El milagro del poema

La nada inquieta que te acosa,
                que no tiene forma,
vestigios rotos contra el viento,
suaves ondulaciones en el polvo.
Y recurre el milagro hecho palabra,
desasosegado son sobre los montes,

desatado azul de mar,
ansiado confín de horizonte
y la palabra alborozada,
        dudativa,
hondo remolino en los bordes del pulso
y la luz, estrella en la llanura
y el suspiro, viso claro sin bordes.

La palabra quiere ser. Quiere entrañarse.
Vestirse de sentido. Pulsar la noche.
Quiere gloriosa, fugitiva, quiere ser,
quiere nombrar, crear, quiere ser hombre,
mujer, piedra, cascada,
              quiere ser única,
elemental fulgor que no se extinga.
Quiere confinar, hacer posible el vuelo
sin dejar que el pie desate sus raíces.
Quiere decirlo a su manera,
          y que su manera tenga señas propias
          que digan y no se borren.
Quiere la palabra
            vibrar,
                sentir,
                    pensar,
quiere llegar más allá.
Quiere la palabra ser conmigo,
              ser en mí,
              ser yo en ella.

Poema quiere ser esta palabra.
Poesía, poema, son de una luz no conocida,
vestigio de otro serse,
dimensión de otros acordes
y en mí encontrar su forma, su marco,
su límite cristal que la contenga,
           que la moldee
y dé a su desatada algarabía
              un claro, preciso acorde.

Milagro suyo en mí,
mío en ella, en él,
que me lleva y me confina,
que me dilata y me absorbe.
        Milagro del poema.
        Con él, en él
me soy mujer entera
que dice fuerte, suavemente,
    sus imposibles nombres.

Palomas mensajeras

Tus manos, palomas mensajeras de tu cuerpo,
modelan con su ritmo la eléctrica zona
                    de mi centro
y hay un aire eterno de confines
                que extiende en el cosmos
su incontenible materia mar en medio.

Se tallan las augurales auroras
                del ser
        y del sentirse siendo.
Las suaves oquedades de las formas
se turgen de contornos,
                se presencian azules,
                        armoniosas
como un canto de dios entre los pulsos.

Eres tú, artífice del cuadro,
        pincel de los adentros,
quien tiene entre sus lienzos mi tierra
        y la redime
haciéndola soñar en forma y fondo.

            Y soy en ti
            figura,

volumen voluntario de tu tacto
entre los pliegues de mi gesto.
Mis escorzos prietos, sobrios,
    se hinchan de sol
          y se despliegan
cual caballos salvajes en tu bosque.

Es poderosa la subida al monte claro,
        es suave la luz,
     se transparenta el sueño
       en que me soy perfil,
        marco y textura,
        arcilla modelada
   por esas manos tuyas que descubren
          que soy,
       que tengo cuerpo.

El trasiego

Para Concha Zardoya

Son tantos los tictac de los relojes,
tantos los momentos que suman días y años,
       siglos sobre siglos,
      tiempo soñando tiempo.
Pero el tuyo es el único que cuenta
porque lo sientes devenir por debajo de la sangre
y su pulso abierto late entre venas y piel,
     se asoma audaz a tus gestos,
campea orgulloso sus efectos
      sobre lo que fue amor de madrugada,
        alga y arena,
      acantilado y mar.

El trasiego no cesa,
   no se para a reconocer el pétalo,
     la esquina fugaz de la caricia,

el sonrojo jubiloso de un primer beso.
No sabe que él también tiene recuerdos.
Que los recuerdos es el tiempo reverdecido,
      hecho músculo fuerte y nuevo,
         hecho verso.
Que él, que tú, que todo es tiempo
que no puede dejar de ser tiempo,
de ser mar en movimiento continuo,
    ola que empieza, se crece, se yergue,
    se inflama de luz o de sombra
y estalla en risa de arena. Y vuelve.
Vuelve a comenzar. No deja de ser nunca.
Es y continúa siendo caricia de mar en la roca,
    sombrilla de verode en las tejas,
      chillido amarillo de retama en la cumbre,
        dedos de cardones en las laderas del sueño.

El trasiego es y seguirá siempre siendo
cuando tú ya no seas ansia enhiesta,
pasión de luz contra la sombra,
palabra azul entre la niebla.

La casa destruida

Los golpes se suceden exactos contra la gran mansión
blanca y gris junto al lago.
No falla la pala mecánica del tiempo ninguno
de sus dentados manotazos
y el cuerpo antiguo, entero y orgulloso de la casa
se desprende de su piel,
         de sus venas,
de la madera vieja de sus huesos.
El aire cálido del mediodía
      esparce los ecos —los quejidos—
      por la calle.

Tú sabes que ya han caído
                    los techos y algunas ventanas
pero deben quedar todavía muñones de paredes,
        alguna puerta milagrosamente intacta.
El ruido —el dolor— no cesa
y no sé por qué te sientas
    en este banco a oír,
    a oír sin querer ver,
los gritos de la casa que están destruyendo.
Tú no has vivido aquí.
Tú no has amado ni sufrido bajo este techo.
Tú no has acunado entre estas paredes la soledad.
Tú no has tenido en estas estancias
la voz de un niño brizándote las horas.
Y la casa, esta casa que no es tuya,
    está vieja,
            ocupa demasiado lugar,
se ha quedado fuera de los tiempos
con su porche blanco, acogedor,
sus múltiples ventanas como ojos,
sus arrugas de tiempo en la fachada,
su difícil elegancia de anciana de otra época.

Hay que destruirla
y dejar lugar para otro tiempo;
hacer espacio para los que van viniendo
con su sed de estreno,
su juventud,
su nuevo celo arquitectónico.

La casa blanca y gris que grita
                    en tu sueño
está ya de otoño,
            está ya casi toda de invierno,
se caen sus paredes,
            se enfrían sus estancias,
no hay brazos que sostengan su afán,

no hay voces renovadas en su seno.
Déjala caer.
Déjala desaparecer.
La pala mecánica del tiempo
no la destruye,
la transforma
                y en primavera
la casa será otra vez
                una muchacha ágil,
entusiasta
                cuyos límpidos ojos
        verán de nuevo el mar.

Buceo

                        Para Zelda Brooks.

Oro sobre azul. Fervor.
                        Y es el canto alucinando
de esplendor el patio.
                                Zigzagueos eléctricos de salmos.
Relinchan voces,
                coces de luz,
    y matéricos se vuelven los espacios.

Fulgen únicos los bordes,
                                orbes que se suceden
                                        restallantes,
y amplían las aristas.
                        Esferas que se turgen
        plenas sobre un vacío cálido.
                        Hay una senda.
                Hay un ámbito transparente
que espejea sus perfiles contra la sombra.
                Hay otro estar. Otro ser.

Cósmicos devienen los pasos
por planetas entrevistos en los ánimos.
Hay luz.
Hay canto.
Vamos estelando los recodos,
anillando los altos
sesgos
del camino
hasta la meta final
y llegamos.
Llegamos
bordeando
ríos sin nombres,
irreconocibles páramos.
Coronamos lo entrevisto entre la sombra,
meteoro de luz nuestro ser.
Ya siempre.
Ya nunca.
Exactos.

Seguridad

Para Silvia porque ella también lo sabe.

La palabra recurriendo a tu llamada.
La palabra constantemente desde los astros
llamando,
llamándote
con su voz clara, penetrante,
con su voz enronquecida, confusa,
tanteándote la sangre y el hueso,
perforando los espacios
en tu espacio,
haciéndose en ti niña y mujer,
indagadora alegría llameante,
aterida brasa de silencio

porfiando por saber si es,
                si palpa, si huele, si oye, si siente,
si piensa lo que piensan las galaxias
cuando abrigan de hombros la tierra
y parece conocida la distancia
                y familiar el aire no aire de los planetas.

La palabra en las cumbres, los valles, los mares
                de la tierra que pisas,
                        que es tuya,
que tiene pechos y sexos de mujer para brotar la vida.

En esta familiar, vieja, cansada tierra hermosa,
                la palabra te habita, te enajena,
te dice que todo tiene un sentido,
                que no estás soñándote el sueño,
que estás despierta, viva,
                que eres materia de luz en las esferas.

El posible canto

Pongo la pluma sobre la piel del verso,
me calzo las alas blancas de la aurora,
desgrano las palabras aquí y ahora
y creo que estoy creando el universo.

Llega a ser tan verdadero este soneto
que siento hasta su ritmo, hasta su canto,
me parece oír su risa, su hondo llanto,
su caminar cansado, su sed de asueto.

Pero es sólo un simple truco, un suave lecho
para recuperarse de la fatiga,
un son de alivio que se le ofrece al pecho
para que siga pugnando su porfía,
afirmando que todo aquí está hecho
para que triunfe la luz, la luz, el día.

SEGUNDA PARTE

El nombrar

Aquí un árbol que yo nombro:

> álamo
> palmera
> tamarindo
> roble.

Aquí la piedra que yo nombro:

> Escorial
> Anaga
> Guadarrama
> Teide.

Lo digo yo. Lo creo yo.
El sol lo creo yo entre mis dedos blandos.
Y ellos van, los árboles, las piedras,
entre mi suave, perecedera carne.

Y yo ya fui. Ya soy. Y yo seré
las hojas tiernas de los verdes,
las dulces lenguas de las aguas.

No hay más:
    el claro enigma ensombrecido,
    el negro enigma deslumbrante,
        el sol,
         la sombra,
       en el instante.

Del poema

El verso, apenas titubeo febril entre mis labios,
    se trenza de nuevo
como si por primera vez alborotara dulzura
     entre mis pulsos
y anidara de luz mi incierto paso.
Y es que yo no sé qué son de dios
         me viene de lo lejos,
         me cae de lo alto.
No sé y yo quisiera decir es mío,
           lo tengo,
me llega,
     lo acunaré ya siempre en mi regazo
vacío de niños y palomas.
         Pero no,
el verso no me torna, no me es suyo,
no reclama con gusto mi hermosura
de amada entregada a su capricho.
        Y yo sin él,
     —sin mí—
no soy, aunque quisiera,
          más nada
que este oscuro garabato de página sin letra,
     de hoja solitariamente en blanco.

Y yo no quiero esta blancura,
     esta pureza eterna del no pecado.

Yo quiero vibrar, atreverme,
            ser dúctil y fervorosa
para su sabia piel
            de libre trazo
y hacer con él —mi verso, mi sólo amado—
            el amor más ardiente,
        el que más tierra colme,
        el que más luna de ansia siembre,
y el que se desvele a pleno día aunque noche fuera.

Sí, que el verso se me sea tan mío,
    que no sepa yo ya más si voy o vengo
de mí al infinito,
    o al infinito lo tengo entre mis pechos,
            loco,
buscando la vía láctea de algún conocimiento,
        o simplemente esté porque sí,
            bebiendo de mí,
            o calmándome la sed
como si eso fuera lo único importante.

Soneto de la madre muerta

> *Aquella voz que antiguamente era*
> *sonido de mi infancia en una isla.*
> ANA MARÍA FAGUNDO

Aquellos brazos que antiguamente fueron
cuna de mi nacer. Aquellos pechos
que a mi cuerpo alimento le dieron.
Aquel regazo que fue mi consuelo,

la infancia de mi claro acontecer.
Aquella voz que cobijó mis miedos,
que fue tibior de hogar, alto desvelo,
la sangre que le dio sangre a mi ser.

¿En qué otro cosmos, en qué planeta,
en qué ácido vacío, en que locura
está ahora aplacando su sed?

¿Quién le acuna en su vientre mi dulzura?
¿Quién borda mi palabra en su silueta?
¿Quién le da mi ternura a su vejez?

Azul nada

Suave mayo aletargado y solitario
                    como un suspiro
susurra tristes sones,
                    sordos latidos en la penumbra,
húmedas noches en los rincones
                    de las horas que no pasan,
que se agrandan en la casa, se suben
                    por los enseres,
se estiran en los sillones,
                    sufren,
se caen, se encogen,
                    se arrastran sobre los libros
y esperan desganadas la mañana.

Y vuelve otro día. Y mayo estrena otra semana.
Y siguen los pasos. Y siguen las ansias.
Y sigue el reloj su tictac de sueños,
    su silabeo siniestro que marca horas,
        que marca plazos para no estar,
                    plazos para no ser,
                    plazos para nunca más volver.

Plazos para un azul-nada de la nada.

El rezo

Mis ojos sin tus ojos no son ojos.
MIGUEL HERNÁNDEZ

Mis labios sin tus labios no son labios
que son dos vericuetos sin amores,
dos tristes tigres, dos fulgores
sin luces ni calor de tactos sabios.

Mis labios sin tu piel son dos rosarios
que han olvidado el rezo de sus cuentas,
son dos bocas feroces, dos hambrientas
estrellas sin su cielo y su calvario.

Mis labios sin tus labios son dos cantos
que entonan su canción en solitario.
Ven, amor, con tu sabio elixir santo.
Sumérgete en el templo de mi cuerpo.
Despertemos al tigre de la aurora.
Recemos conjuntados nuestros sueños.

El sol entre las nubes

El sol tendido sobre el horizonte
hace guiños al día,
y la luz pugna entre algodones de nubes,
por brillar, por ser, por vencer
la niebla de las cosas.

El sol quiere levantarse de este paisaje
en sombras
y caminar por las sendas de la aurora.
Pero las nubes y nieblas
—rescoldos de la noche—
quieren callar el clarín de luz del amanecer.

La batalla es ardua,
a veces gana el sol,
a veces son las nieblas que ondulan de desgana
los resquicios lumínicos del ámbito.

Hoy no sé si el sol dirá su reino
o las nubes impondrán su duro reto.

Un día llegará en que el sol,
cansado de esta lucha,
se acueste para siempre
en alguna oscura hondonada.

La pasión del mar

El mar con su cabellera de blanco enloquecido
rompe rotundo contra las rocas
su ímpetu varonil de enamorado.

La lava lo recibe en todos sus recodos
con entrega absoluta
y el mar se crece penetrando la prieta
piel de la piedra.

Los dos cantan
una canción de espumosos blancos
y ceñidos negros,
una canción de pasión:
tierra y mar
en apretado abrazo de siglos
sin tiempo que los destruya
como el sueño de Dios sobre el mundo.

La llamada

*mi tributo de vida a quien me dio vida
de isla adentro mujer.*
ANA MARÍA FAGUNDO

La palabra se yergue frutal
                    una y otra vez
      por la casa,
se hace suave, susurrante,
          casi suplicatoria,
llama, dice el nombre primero de las cosas,
ruega con la fe de la infancia,
      invoca con la ternura del recuerdo,
          convoca con el dolor de la ausencia.

Lo dice día a día,
      lo repite hora a hora,
se adentra en el fondo del ser,
          se hace esencia.
                    Llora.

Llora y su llanto inmenso se borra,
                se lo traga la noche,
      lo absorbe el silencio,
          no hay quien responda.

Y la palabra se adormece. Descansa apenas.
Vuelve a despertar
                    y de nuevo esperanzada
                          se ciñe de luz,
                              se amanece
y frutal y floral
            se crece y llama,
llama una y otra vez,
              va buscando por los sillones un gesto,
por la cocina un olor,

por el cuerpo vacío de la casa
va buscando los pasos que fueron,
                              la voz que fue,
la ternura, la dulzura, el sabio consejo,
                              la alegría
                                    que fue
luz del hogar,
                  raíz,
                        isla en primavera,
aquella isla de un país en guerra,
            aquel tributo a la mujer
que fue principio y fin del poema.

El reino

Suben, bajan, se multiplican,
dicen cualquier cosa,
tienen todos el don de la algarada.
Se inventan un mundo nuevo,
                  nuevas claves,
                  nuevos caminos,
                  nuevas mortajas.
Se lo creen saber todo.
Hasta los que se llaman «del poema»
            dicen saber de qué se trata:
                  que es perfectamente «de alba»
                        o tal vez digan «de luz»
                              o de «mañana»,
o quizás éstas sólo sean mis palabras,
las suyas deben ser de otro calibre
                        más funcional,
                        más coloquial,
más en onda con lo que pasa.

Pero yo sigo indagando entre la lava,

> por los caminos,
bajo la arena,
> allá en la estrella,
> aquí en las aguas.

Sigo persiguiendo,
> en mi orfandad de voz arrebatada,
un color de ojos,
> una brisa,
> un pájaro en la enramada
> compleja de los siglos.

Decidme, vosotros los sabihondos,
> los que tenéis la respuesta:
> qué norte,
> qué brújula,
> qué mundo
queréis marcar ahora,
> qué ordenador ordenará el desorden,
> qué mano tecleará el son del alba,
> qué astros,
> qué cosmos,
> qué avances, progresos, adelantos,
> —¡qué soledad!—
qué ordenadores-dioses tenéis en vuestras almas.

A mí venid,
> misterio,
> noche,
> angustia,
> desazón,
> desconcierto,
> calma.

A mí venid,
fantasmas míos de siempre,
con vosotros en constante lucha de amor está mi casa.

Yo no entiendo esos otros mundos,
        sus ordenadas gráficas,
        sus perfectas coartadas.

Mi reino no es de este mundo,
        ni de aquel otro.

Mi reino,
    mi pobre, humilde reino,
        es el rincón pletórico de mi palabra.

Los pájaros

Han empezado los pájaros
        su canción de mieles y veranos,
su trote de trinos dulces y claros,
su aguda aguja de vuelos
        cortando el aire
con el alfanje esponjoso de sus alas.

Ellos han vuelto como si no hubiera
        pasado nada
desde que los árboles perdieron las antiguas hojas
        y en la casa cesó de anidarse la alborada.

Están de nuevo aquí los pájaros de entonces,
los pájaros de siempre, con sus risas
de jóvenes plumajes y sus pichones
        algodonados de esperanzas.

Están trinando los truenos de sus gorjeos
        contra las sordas puertas y las ventanas
queriendo entrar,
                        queriendo alborozar
de canto el silencio de la casa.

Lo invaden todo.
        Saltan sobre las mesas,
se acunan aleteantes en las camas,
chisporrotean alegres notas entre las sábanas,
se suben al techo y cantan, cantan
y en la cocina pintan con sus picos
no se sabe qué flores,
        o qué fragancias.
No dejan hueco sin pisar,
        sin llenar,
con la locura de sus frenéticas ansias.
Parece como que quisieran
        decir lo mismo de siempre,
que todo es igual,
        que ellos están aquí,
        que nada ha cambiado,
que la casa está llena, plena,
        rumorosamente habitada,
que nadie se ha ido,
        que no hay vacío,
que no hay una oquedad alucinada
de pájaros hiriéndose de trinos contra las paredes,
hundiéndose vencidos contra la mañana.

De la palabra

Siempre la novia, la enamorada
pendiente de algún gesto,
de algún son,
de alguna nueva luz en la mañana.

Seguir creando,
recreándole sesgo inédito al cuerpo
        viejo y recién nacido
de la palabra.

Sabias caricias,
renovado mar de la esperanza,
alta campana,
tajinastes orgullosos de las cumbres,
algas humildes de las playas.

Nunca decirlo aunque lo diga,
nunca todo el sol aunque sea
ardiente lava.

El instante ribeteando la voz,
hecho canto eterno sobre el alba.

La novia, la enamorada, la adolescente anciana
que aunque se lo sabe,
lo está estrenando siempre,
siempre incipiente, nuevo,
niño el decir,
inédita y repetida la oscura claridad
de la palabra.

La imposible plegaria

Para Candelaria, ya, para siempre,
en su cielo de la Orotava.

Tu no sol me llegó de pronto
inmenso
como la vida.
A mí me llegó
tu no ser,
a mí que no había imaginado
que tu risueña materia,
tu alegría,
el paso generoso de tus horas
podrían tener fin.

Esa tu pequeña silueta
con que sembraste dos veces
    de semilla la tierra
era como tu isla:
        diminuta roca valiente y tierna
        que amaba el mar,
pero el mar debió embestir
        tus confiadas playas
una y otra vez.
            Debió cercarte
enamorado quizás de tu corazón
                y de tu mano abierta,
y quiso para sí
            todo lo que tú eras.

Al mar le estoy rogando,
    le estoy en silencio gritando
            que te me devuelva,
                que te deje venir,
                    que vengas.

Azul instante

El instante es azul sobre la vida
y yo lo siento vertebrar su ronda
        en mis dominios,
afianzar su terror puro entre mis pulsos,
hender en el follaje aún verde de mi andadura
la cuchilla ardiente de su pregunta.

Aquí poderoso está como un dios último
que quisiera arbolar de sol
las ya desnudas ramas del árbol enjuto.
Aquí pugna por ser fragor amaneciente,
ardor de lava hecho otra vez volcán,
vereda enmarañada hacia alguna oculta cumbre.

Yo quiero que sea, que se yerga y luche,
que no se tienda manso como el mar
    en las postreras arenas,
    que no se acalle quieto
    como el alga en la playa.
    Que no se hunda.

Quiero que grite contra el polvo
su polvo enloquecido,
que agite contra el viento de los siglos
su iluso, porfiante puño
                    y cante
                        y cante
y cante sin cesar.
        Que diga que su pulso de dios a la deriva
tiene en algún cosmos su rumbo,
                su imagen idéntica a sí misma,
su senda aclaratoria del camino.

Ahora son sólo cifras las palabras,
oscuros logaritmos las ansias,
confusos zigzagueos los sentidos
pero después el instante azul será único
        y todo tendrá
        —ha de tenerlo—
algún son sabido, recordado,
    reconfortante y madre
        como un útero.

Canto del ser

                        Para Antonio y Adelaida Martínez.

Por el norte, por los sones, va la luz
confundida entre las sombras sobrias
                de las algas
y entre el oscuro latir de la espuma.

212

Allá adentro está el recodo fijado,
    la meta de tanto albor,
la ardorosa desazón de los momentos
    desgranados entre las manos.

La luz va.
            Va fúlgida o perdida,
titubeante o gloriosa,
                va hecha canto claro de clarines
o son asordado de luciérnagas oscuras.
Pero va. Va. Está yendo por los siglos
                    de las cosas,
por los bordes ocultos del lamento.
    Y se pueblan de súbito las esquinas
        y se hace esplendor la gruta de los espacios
        y las grietas sueldan sus muecas
            y se hace lisa la piel del alma.

Un son suave de tibio tacto acaricia las fisuras;
            todo es redondo fulgor desnudo.
No hay aristas,
                sólo canto iluminado de esperanza.

El trayecto ha sido largo,
                lleno de abrojos,
    áspero, mordiente, ácido
        pero también ha tenido la ondulante
algarabía de los trigos claros de las horas,
        la turgencia esplendorosa de las tardes
y el tacto prieto de la pugna en la subida.

Hemos sido y eso basta.
        Somos y eso cuenta.
Cuenta, está contando su canto en las cumbres,
    su cascabel de sueño,
                su cascada de cúspides,
        su cima de luz más allá del cosmos.

Somos y sabemos que somos,
que estamos aquí, ahora,
siéndonos
en palabra,
en gesto,
en figura,
en trinos y árboles enhiestos,
en aire,
en viento,
en agua,
en fuego,
en hombro que hombrea su ternura en otro hombro,
en conjunción de cuerpos
que crean otros cuerpos sobre el polvo,
otras ansias alborozadas sobre el tiempo.

No desnacemos.
Nacemos siempre en canto,
nacemos en pincel,
en escorzo,
en palabra.
Nacemos en sueño.
Somos el sueño.
Somos sueño del sueño.

Dónde

El sol aquí. Tú sobre los tiempos, dormido.
Entre la ceniza de mis pasos, ondeando
mi voz, callado, vertical como el recuerdo:
el padre, el amigo, el maestro.

Y el instante se repite igual
y distinto,
y se acumulan inmensas las horas,

las sales de tantas lavas,
las zahorras blancas y esponjosas de los días.
Va pasando todo. Cayéndose y levantándose las auroras.
Risas que empiezan. Muecas que terminan.
Besos que nacen fulgurantes.
   Músculos que aflojan su porfía.
Y el sol aquí restallante sobre la piel
 pujando, pleno, pletórico de vida.
No dice que fue ni que será.
Dice sólo que es.
Que es.
Que no deja de ser en el instante.

Pero pasan orbitando los momentos
  y el recuerdo es gesto,
   es tono de voz,
es aliento cálido en los sentidos,
es poderosa presencia-ausencia,
    es vida que fue,
vida que dejó absurdamente de ser,
es angustiado mar entre los ojos,
es ronco gemir de viento contra la lava,
es solitario tajinaste que alza su pregunta
   a las cumbres,
es esta pobre voz hecha titubeante palabra
que busca:
   dónde el maestro,
    dónde el amigo,
     dónde el padre.
¿Dónde este ir nuestro a la deriva?

En celebración de la palabra

Celebra hoy aquí: ella es testigo
 de un trino amaneciente de pájaro en la senda,

215

un ritmo de piano,
    un tictac pausado de reloj
en la pared constante de los sueños.

Un canto hoy aquí, un silencio henchido de palabras;
    un cuenco de nada que se llena de música,
    una estancia que estalla de presencia.
Celebra porque existes.
Camina porque sueñas.
Dilo, aunque no sepas por qué la voz,
    a dónde van los versos.
El triunfo es el decirlo, el no dejar el sueño.
Persigue a la palabra. Acósala. Tensa su músculo.
Muerde su ilusa silueta. Fatígala de canto.
Irrádiala de estela. Haz que ella se rinda,
que evidencie que es tuya,
        que corre sangre inmensa en tu musculatura,
apriétala (es tu angustia)
extrae de ella la senda que te permita caminar
    en solitario, acompañada siempre,
no dejes que te deje,
    no ausentes tú su ausencia,
        convócala a la misa de aurora
que hoy celebran tus ojos
y dale el primer banco en esta gran iglesia
                            de la vida,
porque vida es la que te canta lejana,
vida es la que te duele entre las cejas
        y que ella diga, porque lo dices tú,
esta deriva alborozada de la noche,
    date a luz de la palabra
haz que triunfe una vez más la voz
        con su oscura,
            con su iluminada esperanza.

El hogar destruido

Cornisas y vanos.
Alféizares y arcos.
Puertas, ventanas:
La casa conserva su imagen de siempre:
enhiesta, fuerte, limpia de cara.
Ni surcos que agrieten su rostro.
Ni muecas que afeen su serena prestancia.
Pulcramente cerradas las puertas.
Herméticamente fechadas las ventanas.
Las cejas de los arcos ondulando sus ojos.
El saliente esperanzado de la balconada
    alrededor de su cuerpo de piedra,
        apoyo del tiempo,
            desafío a la nada.

La tormenta ha dejado intacta la fachada.

Pero la casa no tiene salas
                de antaño
con su calor de voz entre las mantas,
        con su sesgo de gestos en los cojines
                suaves y risueños
                de las madrugadas.

No tiene bullicio de olores y sabores,
            parloteo de palabras.

No tiene toallas ni jabón,
        no tiene sábanas de sueños,
armarios,
        sonrisas,
                dulzuras,
                hacendosa presencia en las arcas.

No tiene un azul esperanza en las camas.

No hay risas de niños
        ni voces de sabios ancianos
          ni recias razones de adultos en flor.
La casa no tiene hogar en sus entrañas.
        Está hueca,
          vacía,
            perdida en un vaho de noche.

La casa por dentro está desplomada.

Poliedro en ruta

        Para Cristina Lacasa.

Aquí yo también digo el siglo,
        el mundo,
el arduo y penitente camino
      que ahora se pierde
o se dilata o se derrumba.
    Hay que ir,
      el movimiento no para su destino
y solo o con los otros va de paso,
      pasando sin remedio
        por los signos;
esferas que se turgen,
      raíces que pierden su garra de tierra;
  lo que fue que ya no es:
      el segundo.
Instantes sin más cúmulo que ser
      en un invisible punto
      para dejar de ser y seguir siendo
no asido ni tampoco libre,
      ser y no ser todo en uno.
Es tiempo que se sabe y no se sabe,
      verso en ciernes
        y no llegado nunca.

Así con la palabra
            o sin ella
en la página en blanco que espera ser
            henchida de promesa
        y sabe también que no será nunca
            sino súbito signo,
breve resplandor en la penumbra.
                Y es.
                    Y no es.
        Pero está porque se piensa única.

Los transeúntes

Así, esfera adentro,
            en un regatear de luz a la deriva,
        en pulso abierto,
porque zumban las horas las trágicas fatigas
                o sus renacimientos súbitos
y el camino —como un beso o un dios—
            se colma de paso y de andadura.
        Así es este ir yendo
            ahora menos ágil,
con menos saltos de esquinas y recodos,
                la línea ahora recta en la llanura
pero aún turgiendo el surco su promesa
            de espiga a grupas del verano.

Lejos, más allá de la llanura,
            no hay línea quizás,
            quizás tampoco ningún contentamiento
        pero no importa qué es eso que allá dicen.
Aquí es lo que importa,
                aquí la fruta a punto de sol,
                de madurarse en sombra y en luz
sabiendo que en el instante está todo

y todo nos revierte
al ser que será siempre
                    impulso,
              orgía de las ansias,
                    brinco impuro de las horas
          y que no se acaba nunca.
              El labio lo musita,
lo grita o lo masculla con fuerza.
Estamos y eso es todo:
                    gloriosos, transeúntes.

Canto de vida

Abril
          y son los pájaros.
              Nardos entre la brisa.
                  Cielos altos.
Primavera punteando su verano.
                  Albricias de la blancura.
Sol para el invierno de los tactos.

Luz para el sesgo de los pulsos,
radiante algarabía para los pesados pasos.

Cunde, tiene que cundir,
              el ánimo
y subir su brazada de risas por las cumbres,
su alboroto de espuma por los páramos.

    La vida tiene que estrenar ahora
toda su fervorosa confianza
                  y escalar picos y cumbres,
      barrancos profundos,
                  áridos parajes, guijarros.

La vida pugna su porfía
   y estrena nuevos recodos,
    renovadas esquinas.
La vida afirmando primaveras sin tiempo,
  azul, enhiesta.
  La vida nunca vencida.

TERCERA PARTE

La ofrenda

Mi mano en el papel.
                    Temblor.
                              El canto.
        Azogue a mi luna nueva,
          a mi penumbra de hogar
                        y de ventana.
Anillo, amor —verso en diamante—
y yo —amada impenitente de los siglos—
      ofrendando mi cuenco
                    de palabras,
mi fervor y mi luz.

Se rompe el molde de lo cotidiano:
              sílabas que invaden los espacios,
      frutos a punto de sazón
                      para los avaros labios,
      para la mano que los configura en signos,
              gestos que estrenan el mundo,
              apoteosis de los ámbitos.

Dios es este vibrar de la casa en llamas,
              esta locura de las esferas,
      este sol, esta sombra, en el instante.

Isla en grito

Garfios de lava están desgarrando el aire.
        Los cardones gritan.
Sus picudos cuchillos rompen los acantilados.
        Chillan los verdes verodes
redondos alaridos que perforan las cumbres.

Vociferan las nubes como algodones fantasmas.
        Brama el celeste del cielo
            su líquido acero puro.

El mar hinca con afán una y otra vez
            su blanco colmillo de espuma
                en la piel de la arena.
Las flores rugen sus alucinados colores
—hibiscos, buganvillas, rosas y madreselvas—
contra una isla ausente de gestos.

Un son siniestro corta al sol,
            lo despedaza
y caen contra el suelo enloquecido
                trozos de luz,
    mariposas blancas desaladas,
            inocentes risas de niño,
                negros pétalos,
                oquedades sin fondo.

La palabra intenta el lugar de la ternura,
la brisa salvadora del recuerdo
            pero el sol roto y disperso
deja su apenas luz,
        su apenas calor,
    en resquicios de nieve,
en grutas húmedas,
    en áridos parajes sin historia
y se disuelven sus rayos

cegados por palabras que no son,
palabras que no pueden ya ser.

El cierzo

Ser vivo en la vivencia de la nada.
Afirmar tacto, porfiar pulso a la
deriva de la luz, en la escalada
del ánimo y en fervorosa ala.

Decir se es, soy, somos, hemos sido.
Pugnar presencia poderosa, fuerte,
contra el sesgo vacío de la muerte,
contra el suave susurro del olvido.

Querer tener sobre la piel los besos
de un tiempo de retamas y de brezos.
Querer sentir el mar, el universo

de un cuerpo de luz y de cerezos
anclado en nuestra sangre, en nuestros huesos
y amar. Amar. Amar. Negarse al cierzo.

La nave perdida

¿Dónde el canto si el amor ahueca
su ala de pájaro y su dulzura?

¿Dónde la luz si en sombras fallece
la grupa del monte y el afán del día?

¿Cómo poner en el ánimo el brío
          y en el cansancio la gana?

¿Qué hacer con esta palabra que niega
su cuerpo, su son y su página?

¿Adónde ir si no existen rocas,
    si el mar ya no bate su salobre espuma,
si la casa no tiene el son de su gesto,
    su júbilo, su enhiesto decir,
        su olor de cocina,
            su redonda hermosura de manzana?

¿Dónde va uno sin raíz ni norte?
¿Qué alba, qué sombra, qué alborada
podrá decir sesgo alguno de palabra
            que salve,
            que salve,
que lleve a algún lugar del sol
donde la brisa recobre su aliento de turquesa
        y la prieta piel de la alegría
ondee su bandera de presentes
            en el mástil más alto de la nave?
La nave ya sin puerto,
    la nave ya vacía,
la nave sin timón ni timonel,
    la nave en medio de este mar sin nombre,
        ajena a su trayecto,
                sin madre que la guíe.

Canto de amor

¡Oh, llama de amor vivo!
SAN JUAN DE LA CRUZ

Estoy de amor, enamorada.

    Altas, señeras cumbres de Anaga,
    apuntados tajinastes del Teide,

tabaibas de mis laderas,
arenas negras de mis playas.

Estoy de amor, enamorada.

Enamorada de multicolores hibiscos,
de pimenteras, de retamas,
de cedros y de dragos,
de hondos barrancos de tiempo,
de mudas y fervorosas lavas.

Estoy de amor, enamorada.

Islas de mi isla en punta,
enhiesta sed de mi sed sagrada,
estoy de sed sedienta, abrasada.

Estoy —llama de amor—
de vuestras cumbres sobre la mar,
estoy de amor,
              enamorada:

Dadme vosotras vuestra erguida fuerza,
vuestra rotunda presencia en las aguas
para que mi palabra nunca muera,
para que mi voz no se hunda en la nada.

Qué azul

Perdido azul en norte, en armonía
que busca entre las cosas su ser,
       que abre en las ranuras
              su brizna de momento
y acecha entre las piedras
       un son oculto,

un hilo conductor que diga
algún signo que revele
una luz
hacia un camino
que rompa los diques de lo oculto
y saje las brechas
de lo que no es.

Trayecto hacia dónde.
Azul a qué porfía.

No, no tiene más palabra esta locura
indemne de las horas,
este no saberse ni voz ni esquinas,
no tiene dónde serse,
ni con qué,
ni cuándo,
amasado imán de torpe geografía
de sílabas sin nombre,
de frases inconexas.

No puede. No hay camino.
Sólo este arañar la piel de los afectos
sin lógica que salve,
sin ritmo que alivie con su compañía
el arduo crepúsculo
y la alta noche.

El viento y su soplar incesante.
La piedra y su desnudez.
El fuego con su lengua de brisa.
Y acaso, luego, el agua —azul—
por si una luz
—una sombra—
pudiera aunque no puede...

Después ya no.
Después no existe.

El avance

Para Susana Cavallo.

No desde el ímpetu arrollador de otras horas
ni desde el jubiloso empeño de otros tiempos.
La energía ahora tiene otro gesto
        y otra forma de ser.
Nos acercamos azules sobre el sueño
y plantamos en él nuestra semilla de ansia,
nuestro alborozo ya cierto
        porque sabemos que vamos
            hacia otro horizonte,
        hacia otra raya pura del poniente
y habrá en esas aguas
            otras algas y arenas,
            otras firmes pisadas,
otros acantilados de amor.

La consigna era simple, casi exacta.
Se trataba de ir. De ir. De ir
pese a la noche y al desconcierto
    de la tierra de cuerpo yendo.
La meta era otra meta. El horizonte
una ilusoria raya azul
            hacia otro azul,
hacia aún otros escorzos azules de las aguas
y el fin, el paso último, era el ansia de seguir,
        era el principio siempre.

Trizas

Trizan,
    están trizando a trallazos la alegría.
Se rompen los espejos de la risa,

228

se trituran los trazos suaves de los tactos
y corre por la casa un huracán de afectos rotos,
de remolinos de antiguos sueños
ahora desgarrantes como cuchillos
que sajan la piel del canto
e hincan su aguda hoja
en la tierna luz de otras auroras.

El huracán lo arrasa todo
con su látigo homicida:
cuna del tacto que era alegría
sesgo del gesto que era la vida,
paso armonioso de compañía y tiempo,
vuelco del alma toda transida de amor.

Los espacios huérfanos están clavando su oquedad
contra las esquinas vacías.

Conciencia de qué

En sueño azul como un gemido
por la noche de los astros,
por las cintas del crepúsculo,
más allá,
planeta en el cosmos,
desasido rumor sin sentido siguiendo
escalones de un trayecto que no se sabe,
que se marca cada noche
en la otra vigilia
cara a un cielo siempre lejos,
cara a una aurora desconocida.

Conciencia de qué sombra,
de qué luz que tenga norte,
de qué ácida cuchilla que se clave en las esquinas

y diga algún resquicio que sea son,
algún válido latido.

Laberinto mar adentro,
laberinto mar en río
                que lleve a otro sueño,
a otro acontecer,
                planeta de un espacio en los espacios,
   de una conciencia
        que nos diga que hemos sido cualquier pétalo
                entre las hojas,
                cualquier beso entre los olvidos.

No se es. Pero se sigue siendo
                en altas torres,
                    en almenas con cigüeñas,
en mástiles de húmedas sombras,
                en navíos de anchas proas,
en arados que roturan la ávida tierra.

No se está pero se sigue estando
                    brizna de hierba,
azufre de rotas ansias,
                muñones de extravíos.

No se es. No se será.
   Pero se sigue soñando el solitario sueño
                    silencioso de los siglos.

El cielo rutilante del sur

Caídas hasta el negro oceáno las luciérnagas
rutilantes del sur
                bordean nuestro suspendido ir
en flecha de acero por el espacio.

Ni monte, ni llanura, ni río
ni iluminada realidad palpable.
Sólo esta extrañeza oscura del que va
en medio de la noche
—con otros—
despegado del pecho nutricio de la tierra.

Pavor revelador de lo infinito,
lo insólito del ser
fuera del cuerpo.
Solamente los puntos fosforescentes
de las estrellas del sur
y un ensordecedor bramido de motores
desgarrando el silencio tenebroso.

Aquí dentro apiñados respiraciones pausadas,
agitadas, temerosas o plácidas
simulando vida de tierra con caminos, cantos
y ternuras.
Afuera —en el negror apuntalado del espacio—
las fauces eternas del no tiempo
punteando el misterio de lo que no se sabe qué es,
aquello que la palabra no acierta a describir
con forma y color,
con olor y tacto
pero que invade y anula la cáscara de acero
que nos lleva
y en súbito e infinito agrandamiento
cae —rutilante luciérnaga—
en la total inmensidad.

Chopos del instante

Septiembre amarilleaba su incipiente otoño
entre las hojas de aquellos chopos junto a la ventana.

El viento quejumbroso gemía entre los troncos
y el cielo, copa verdeazul del alto ramaje,
coronaba el ascenso vertical de las raíces.

Hacia dios iba todo el ímpetu del canto,
iba cuesta arriba escalando las horas que eran;
    las que fueron esfuerzo y ansia
de otros días crudos, crujientes y claros.
Los días pletóricos de siglos por delante.

Era el otoño. Era la primavera.
    Era el verano ardiendo
        mieses y girasoles,
    —retamas alborozadas—
y los chopos, dos junto a la ventana,
junto al molino de las horas,
eran los erguidos centinelas de las ansias
            de ser;
de ser —cumbre ascendiendo—
                reloj vegetal de los momentos,
manecillas que no marcaban horas
porque ellas —las hojas, los troncos, las raíces—
iban de abajo a arriba,
del pozo a la cima,
del mar de los días al cielo de los tiempos.

Allí no había antes ni después.
        Era todo
        enhiesto,
        ascendente,
        desatado.
Era el ímpetu del canto que subía libre
por las gradas azules de los cielos,
por los escalones transparentes de la brisa,
hacia donde habitaba el todo único:
        la palabra.

Elegía del árbol caído por una tormenta

Era mi árbol preferido.
Tenía un tronco laberíntico como un garfio
que buscara llegar al infinito
y unas leves hojas, verdes saetas del destino,
que afilaban su vuelo en la brisa
y caían sobre el césped agudas como chillidos.

En primavera se vestía mi árbol de amarillo,
un amarillo asordado, polvoriento,
un amarillo como de siglos.

Bajo su sombra el café y el pitillo
de las horas era como un aroma de dioses,
un penetrante sabor de esponjosos ruidos.

De mi jardín era mi árbol favorito.

Una mañana lo abatió el viento y la lluvia
que habían intentado en vano hacer en mi árbol
su hogar de amantes, su seguro nido.

Mi árbol no quiso prestar sus ramas,
su atormentado tronco, su polvoriento amarillo
para que la lluvia y el viento se hicieran íntimos
y prefirió ser árbol caído con las raíces rotas,
desgajado su sueño de la tierra y el cielo.
Prefirió ser un no ser, un ausente olvido.

Canción del viento

Para Donna, Carla, Brad y Jenny.

El viento enloquecido de azahares
cabalga por la casa,
                    se mete entre las rosas,
albricia de albores la mañana.

El viento enamorado de naranjos
se alza perfumado como un son,
como un canto blanco de alba.

En sus venas lleva el viento
                     besos, caricias,
                       aromadas alas
que esponjan los espacios
                       con un elixir dulce
como de ámbar,
           como de suaves simetrías olorosas,
como de inmensas risas malvas.

El viento es el tiempo en primavera
que roza la miel de las abejas,
              la rica luz de las plantas
y escribe con su aire sobre la piel
un redondo acontecer, un algo vaporoso
              y blando
                  que inunda y enternece,
                    que perfuma e imanta.

Azahar repetido de los siglos el viento
                     con su aroma sobre el alma.

El signo

La llanura era inmensa como un dios.
Viento y árboles en un abrazado ritmo.
Un nuevo caminar, un asordado son
                 latía entre las horas
buscando su digno serse entre las sombras,
su sordo serse en el abismo.

Estaba allí en su justo sitio
esperando a la aurora y al viento,
seguro de que vendría la lluvia,

de que su estar enhiesto en la tormenta
tenía su razón de ser, su destino.

Y vino —tenía que venir— la respuesta
                    perseguida entre las horas
                        de los días y las noches.
Tenía que descorrerse el velo
                    y llegar, al fin, el signo.

El naranjo frutecido

En una esquina de la inmensa huerta
                        quedó
                            solo
el naranjo frutecido de luz
                    pequeño y apretado
como un sol en mitad de la llanura
                        del cielo.

Un viento atroz había arrasado
                    el campo.
Esbeltas palmeras buríes yacían
            en desmelenadas cabezas.
La risa verde de las pimenteras
            congelaba el suelo.
La tierra se comprimía en terrones oscuros
                como un parto difícil.

Pero el naranjo pequeño
            se erguía silencioso y apretado,
                    frutecido de esperanza
                        en medio del desastre.

Por allí había pasado la mano implacable
                    de un hombre

o de un dios
destruyendo a los recios árboles
robustos y señeros
que sabían de tormentas,
que habían librado con el tiempo
un sinfín de batallas.
Ellos cayeron.
Pero el pobre, temeroso
y diminuto naranjo frutecido
seguía en pie
con sus «frutas redondas y bermejas»
imitando al sol
como si el sol
fuera su cielo y su raíz,
como si la esperanza
no pudiera ser derrotada nunca.

Pan de palabra

I

El mar aquí
y yo sin sed,
sin canto,
rendida espiga,
proa buscando su estela,
su puerto donde atracar en alto
la fatiga de las horas.

El mar, la arena, la ola
a punto de alborozada risa
sobre la playa
y a lo lejos, el horizonte.
En el fondo, en la superficie,
sobre las rocas blandas,
toda la humedad sonora de las algas.

Desde la cumbre, empinada ansia,
   el azul del mar se pacifica
y camina sobre su rizada llanura
            toda la brisa,
toda la recién nacida mañana.

El cuadro por repetido es único
pero falta el hilo unificador,
      la magia que lo alce
            y lo bendiga
   su sed de dios,
            o de palabra...

II

El mar aquí
y yo con mi sed,
      con mi canto,
renovada espiga,
frutal mástil del oro de los vientos,
buscando quién coseche mi grano,
            quién tueste mis huesos,
            quién muela mis sueños,
quién haga el pan que alimente a la vida,
el pan que derrote por siempre a la muerte.

Cincuenta cumpleaños

¡Coger la pluma, el ala, el verso por la cintura.
Apresar a Dios en un barco sin timón,
sin proa, un barco de vela última.
Poseer de nuevo la palabra en medio siglo,
en una vida, en una siempre ardiente desazón
de eterna, erguida isla en punta, en pugna
alborozada, transida, mediumúnica!

Ser

En la raíz, el mar.
En la cumbre, el cielo.
En medio, la Isla
        toda desvelo.

Temblor

Temblor a punto de ser otro temblor
    más íntimo, más alto.
Sacudida gloriosa de la nada
    hecha escorzo alborozado de palabra.
Y cunden por los bordes de la sombra
    los gestos de otros gestos,
las huellas perdidas en arenas de otras playas
y los espacios se pueblan de sones misteriosos,
    de aristas como algas,
    de ecos milenarios que renacen
    vibrando poderosos en los espacios.

Todo se estremece. Se amplía. Se hace alma.
Acuden jubilosos sones extraviados en el cosmos,
galaxias de palabras nunca oídas,
        señas extrañas.
Navegamos sin brújula y sin puerto,
    sin recodo ni esquina marcada.
Bogamos en un mar sin mar,
    en una barca sin barca,
vagamos en el cuerpo sin el cuerpo
        de los signos.
Somos luz, la claridad total
        que nos imanta.

Afirmación

Escalamos confines.
Estrenamos ámbitos del ser.
Y el canto turge de promesas el aire
y hay como un vapor, como una niebla
que nos circunda de plenitud las horas
alzándonos más allá del aquí,
más al centro del todo:

>   augurales perfiles de la aurora
>   que nos cierne de espacios la sangre
>   y revierte hacia dentro,
>   hacia afuera,
>   su cósmico haz de luz,
>   su dilatado fulgor entre las sombras.

Afirmamos la voz.

>   Somos.

CUARTA PARTE

Niños tras la ventana

Mediodía de julio. Sol en cenit.
Tictac de reloj ampliando la casa.
Tras la ventana,
                    alboreo de niños,
                                        risas,
autobuses que pasan,
                    multifacéticos sonidos
inundando el espacio.

La vida plena se turge de ruidos y luz,
un olor de verano alborotadamente corre
            de calle en calle.
Contra el azul las nubes puntean
el capricho algodonoso de sus formas.

En este ahora está todo comprimido,
            restallando,
            siendo
fugaz y poderoso instante.

Los poetas en el tiempo

Todos están afuera como ellos mismos,
iguales, siempre iguales
               y distintos
repitiendo gestos y voces,
decires milenarios
que otros ya han dicho
               y tú los miras
jóvenes, inéditos, únicos;
viejos, repetidos, desgastados
       como ola que va, que viene,
       creando cada instante
el alborozo restallante de su risa,
       su particular sabor a una sal
antigua y recién estrenada.

Ellos creen decirlo como nadie,
tienen en sus labios prietos y avaros de voz
un ritmo no existido
y quieren propugnar una palabra distinta a todas.

Sus ecos te llegan con el zumbido
de una mar tan vieja como el mundo.
Tú ya lo has oído antes;
es un cantar eterno como el viento,
tan alto que la sangre no lo ciñe,
tan hondo que la carne no lo entiende.
Es un canto más allá de las palabras,
es un fulgor del universo, un ritmo
que no lleva confín de nombre,
            señas exactas,
fórmulas que digan qué es su cuerpo,
       qué su vibrante, humano músculo,
porque es ser de palabra,
pensamiento, canción, misteriosa voz,
apretado puño de soledad en las esquinas.

No, no tiene figura exacta este latido
aunque otros digan estrellas como palabras
y crean estar en la verdad de lo que dicen.

El camino no tuvo, no tiene, no podrá tener
      ningún acompañante.
Tú sola te acompañas
      porque eres agua azul y transparente
entre las aguas,
      movimiento de ola en perpetuo perpetuarse,
risa riendo su blancura contra la arena,
   esencia siéndose.

Los guijarros

Los guijarros agudos como chillidos
aparecieron de pronto bajo los pasos confiados
que proseguían por el camino.
Sus afilados dientes cortaban los pies desnudos
pero no había otra senda.
         No había otra salida.
             Y era de noche.
Y la tormenta arreciaba sus aullidos
         contra la oscuridad
  y un granizo certero como de bala dirigida
      caía inmisericorde contra el gemido
         de los pies desnudos,
    de los confiados pies
           que se tambaleaban por el sendero.

Una brizna de luz no había.
Un susurro de cálida brisa no existía.
Una sonrisa amable,
una mano en el hombro,
un «te quiero», «estoy contigo»
      no se sentían.

Sólo el rugido del huracán,
            la dentellada certera del viento
                    afilando los guijarros del trayecto.

    Y el pie seguía desnudo,
                herido en lo más íntimo,
                    tambaleante y vulnerado
                pero seguro de su destino.

Detrás, más allá de aquel tiempo,
            habría otro confín,
                    otra senda más suave,
                            más misericorde,
más noble y más amiga.
Habría otros sueños y tactos,
        otras dulces arenas y mares
                donde el pie confiado seguiría pugnando
                        su trayecto de ahora,
                    su trayecto de siglos.
Y el amor, ese espacio infinito donde el hombre
                    es un dios,
            volvería a enseñar sus veredas de risas,
                    sus guijarros de rosas,
                    sus albricias de vida,
y los pies desnudos al paso de otros pies
dibujarían vírgenes huellas en las arenas
                        tibias de las auroras
                y su esponjoso rumor invadiría la luz
y de nuevo el mundo volvería a ser un sol de amanecida.

El grito

Llego a la casa.
Abro la puerta.
            Grito.

Grito y la voz
            la alzan los silencios,
se la llevan por los bordes
            donde no hay luz.

Vuelvo a abrir la puerta.
Vuelvo a entrar en la casa.
            Vuelvo a gritar.
La voz vibra en mi garganta
            cumbres antiguas,
        lavas etéreas,
            luces de antaño,
                    rocas
                        y mar.

Grito. Y mi grito se lo lleva el viento.
Alzo más alto mi gemido,
        lo pongo en las púas del tiempo
    Y quiero arañarle a las horas
            otras ternuras, otros momentos
    que fueron y fueron
            que quiero que sigan siendo.

Y el grito se rompe, se da contra el suelo,
            se cae, se llora a sí mismo,
        se cansa, se duerme, se duerme.

                Y llega la luz
                    y es de noche
                y vuelve mi grito a su llanto
            y vuelve mi llanto a su grito
                y vuelve la puerta a cerrarse
            y vuelve la casa a ser hueco de huecos,
        vacío de vacíos,
                    ausencia de ausencias.

Y vuelve mi grito a su grito,
mi grito a su llanto de llantos eternos.

Los diecinueve

(Causa 246/1936, 23 de enero de 1937)

A mi tío Tenensol fusilado el 23 de enero de
1937 a la hora en que nacía mi única hermana.

El tiempo ha querido poner en mis manos
un papel, una sentencia, un retazo
de ayer que había dormido entre legajos.

 (Diecinueve nombres, diecinueve hombres,
diecinueve jóvenes ajusticiados)

Es mi infancia que evoca los dulces cardos
agrios de aquel amanecer de enero:

>   mi abuela que aúlla su ácido grito,
>   mi madre que abre con dolido amor
>   su cuenco de entrega a las blancas nubes,
>   mi hermana que nace a su primer dolor.

(Diecinueve nombres, diecinueve hombres,
diecinueve jóvenes ajusticiados)

Apenas si hombres, niños todavía,
cuyos limpios ojos son de puro sol,
cuyos tersos cuerpos cantan a la vida,
cuyas manos nobles piden compasión.

Diez y nueve hijos yacen fusilados,
yacen fusilados contra un paredón.
Sus madres aúllan, buscan sus figuras,
lamen con caricias la sangre vertida,
quieren ser de nuevo regazo, arrorró.

Han pasado vientos de cincuenta eneros
y vuelve insistente la infantil visión,
se repite exacta, puntual, lastimera
aunque yo le niegue su sombra en mi sol.
El papel lo dice con escueta letra:

«condenados a muerte: José, Domingo,
Marcos, Modesto, Vicente... Tenensol»

La niñez retorna dura y agorera
con su agudo dardo de negro furor
a mi actual estancia de luz y quimeras
a hundirme de nuevo en la vieja visión:

Diez y nueve hombres yacen fusilados
en un claro día contra un paredón.

Cuencos

Un viento íntimo en los recodos
                    de tus cosas
y azul el alma en desvarío.
En vilo el ser por los aires
    de un ahora que se sabe único.

Prieta la piel,
        prieto el canto
apretado el haz de luz en las esquinas
y una caricia inmensa de las aguas que se rompen,
del centro que abre su manantial
            de profundos claroscuros.

        Y llegas, recurrente voz,
como un suspiro del cosmos
                que se hace sangre y músculo,
que canta un canto fervoroso de vida
                        y dice ser y serse
en cuenco de amor,
                de amor,
en cuenco de infinito.

El imposible diálogo

Mira como viene marzo abotonando de blanco
                    la espesura
de un diciembre sin sol.
                    Viene nuevo, fragante,
con un suave temblor de pétalo
en las comisuras de sus gestos de luz.

Está aquí tan de súbito, tan como si nada.
Entra y sale, rey de brisa por la casa,
    deja en los patios su sed de infinitas albas.

¿Lo sientes? ¿Lo ves? ¿Notas, acaso, su calor
turgente de vida? Huele a cocina redonda
y maternal, a un caldo tierno de horas compartidas.
Tiene el tacto limpio y blando de las sábanas.
Tiene el frescor azul de la alegría.

Es diciembre. Hace frío. Llueve
en el centro de las cosas
pero marzo quiere negarlo y porfía
inundando de risa los rincones,
arrimando su cálido canto
    a las frías esquinas de este invierno.

Marzo quiere borrar, olvidar
    noviembres de dolor y anchos ríos,
quiere pujar la vida,
            quiere que tú le sigas
y vengas con él hasta los naranjos
        y seas blanca verdad,
                aurora pura.
Quiere que escales todas las cimas de las presencias,
        que seas de nuevo manos tibias
        y cuenco en voluntad de entrega.
Quiere que por ti vuelva a florecer la tierra,

que tu vientre se inunde de primavera,
que endulcen tus ojos la casa,
que tu ser de madre nos envuelva.

Despuntar de pájaros

No cesan en sus sonoros arabescos
                                    los pájaros.
Todo lo inundan con sus apurados gorjeos.
Dicen mil cosas no entendidas
        y en las móviles saetas de sus picos
                ponen notas de una alegría grácil y familiar.
Los pájaros no saben qué hacerse
                                    con la luz.
    Charlan, gritan, agolpan sus cantos
                        despuntando de trinos al alba
                y la noche gris plata se aleja
                descubriendo en su lenta marcha
                        frescos ríos ocultos,
                altas palmeras esperanzadas,
                calles,
                        hombres,
                            niños.

                    Suena a infancia.
                        A suave despertar.
                    A fuerte y rotunda calma.

Música de siglos renace cada aurora
cuando la vida se hace canto
en este alborozado desconcierto
                                de los pájaros
que puntean la plata de la noche
con una nueva, pletórica
                    y repetida mañana.

La mariposa blanca

Es abril y son las flores
     abotonándose de alegría,
colgando del aire antiguo
          sus colores y sus risas,
subiéndose hasta las cimas
            y prendando a quien lo mira.

Abril que se ha puesto nuevo
           su viejo traje de días
               que fueron años y siglos,
que fue amor y dolor,
               que fue vida.

Y vuelve como casi todo vuelve
repitiendo su familiar trazo:

    aire tibio, perfumado,
              luz abierta por los campos,
     néctar de las abejas en los pistilos
                    y las corolas,
     sonoro decir ilusionado de los pájaros.

No ha dejado de venir abril,
no ha dejado de tocar en la puerta del jardín.
Quiere entrar, quiere arrasar
mustias flores, seca hierba,
            tristes troncos cercenados,
               cortantes aves de frío,
        escarchadas sinfonías de perdidas brisas,
        fantasmales zumbidos de ausencia.

Quiere abril, quiere ternura,
          quiere música de horas
             y olores de cocina y de toalla.
Quiere tactos de jabón

y aromas de café.
Quiere manos de dulzura por la casa.
Quiere voz. Quiere palabra. Quiere risa.
Quiere la mariposa blanca de su presencia.

Otro milagro

Milagro el de tu ser aconteciendo
en la rosa olvidada de mis gestos:
tu suave devenir, tu sesgo ardiendo,
tu fuerza, tu dulzura en mi soneto.
Y soy palabra clara, y soy sujeto
de este tu venir de mar adentro
a mi isla de siempre, al vericueto
por donde va la luz de mi silencio
a romperse y fundirse, a ser sueño
de Dios, a ser esperanza en la nada,
a alzar su punta de roca, a ser pugna
que afirma tenaz que el amor existe
porque te acercas tú, pincel en ristre,
a pintar en mi nombre tu alborada.

El dueño

Entrañablemente como el poema:
            tabaibas por las laderas,
            hibiscos por los caminos,
            verodes en las tejas.

Entrañablemente las rosas en las cunetas
      y un antiguo sabor a sal,
            a mar abierta que se entrega
            y a costa inmensa que la recibe

fuerte como la tierra.
El beso suave de la delicia sobre el sueño
   y la fatiga de la senda.

Entrañable es ahora el tacto verde
               y profundo de la vereda
por donde canta el sol su rayo de oro,
por donde gime el viento su brisa tierna.

Entrañablemente tus ojos claros
               como la luz,
                  la nieve,
                     el cielo,
el brote primaveral de la arboleda.

Entrañable la palabra que los canta.
Palabra antigua y palabra nueva
       como el relámpago y la lluvia,
       como el labio de las estelas.

Entrañablemente tú
       en el tiempo que ahora se adorna
       con los lúcidos festones de la espera.

Tú en momento inmenso,
       en el eterno instante
       de la esfera que no va ni viene,
       que está quieta
en la llanura de la memoria.

Tú, radiante luz,
   infinito
          y cierto
               como el poema.

Clarín de amaneceres

En tumultuosos despliegues de momentos
va la vida punteando desatinos:
la piel alzada en claroscuros llantos,
la risa envuelta en asombros repentinos.

Pero hay que seguir aunque la noche avance
con zarpazos imprevistos entre las sombras
y no sepa el ánimo qué acaso brutal
yace escondido entre las oscuras frondas.

Ya no se sabe ya. Ya no se sabe
si algún clarín de aurora está preparando
alguna nota álgida, alguna música
que armonizar pueda el pentagrama del alma.

¿Qué senda hay, qué norte guía?
¿qué estrella polar su pálido parpadeo
ofrece a este oscuro devaneo
sus besos, esperanzas y alegrías?

Ven tú, clarín de amaneceres,
brote de espuma sobre la negra arena.

¡Que nos salve de nuevo la luz!
¡Que triunfe poderoso el poema!

Poema de cumpleaños 1992

El azahar como un novio celoso
se ha adueñado de los naranjos
y es que está aquí de nuevo marzo
aligerándose de febreros de fríos,
de noviembres de dolor, de diciembres

de espinosos caminos sin la amarilla
caricia de los verodes y la sangre apasionada
de la flor de pascua.

Marzo trae su sonrisa de otros tiempos,
su dulzor claro de otras mañanas.
Viene recién puesto de colores y de olores,
viene a pactar con la alborada.

Y yo lo miro, lo toco, lo huelo
porque quiero que haga su morada entre mis huesos,
que me llene las venas con su canto,
que me inflame de esperanza las entrañas
y se suba hasta sus ojos
                    y los prenda de los míos.
Y la tome entre sus brazos
                    y la traiga hasta mis brazos.
Y que vuelva aquella risa, aquel decir,
aquel gesto sabio y suave como el tiempo,
aquella voz honda y serena
y me diga que no hubo invierno,
que no se ha ido, que fue un sueño
aquel otoño de la noche.
                    Que nos ve
a los que somos sangre de su sangre,
a los suyos que dio vida con su cuerpo y su desvelo.

Quiero que marzo me la desate
y me la regrese a mi regazo
que la estoy esperando
    para brizarle un cumpleaños,
                    un arrorró de luz
        por las laderas de su isla y de mi isla,
                    de su cuerpo y de mi cuerpo.

¡Quiero que dios me la devuelva!

Canto a Canarias

Conmigo vais,
mi corazón os lleva.
ANTONIO MACHADO

I

No me podrán negar el canto
porque el canto asciende por las laderas
desde la mar hasta la cumbre
y desde las cúspides hasta la arena.

II

Tabaibas, retamas, pimenteras,
conos de cumbres erguidas,
                    ansias del ser,
                        islas-mar,
                        islas-cielo.
Islas de mi isla adentro,
                conmigo estáis,
                mi corazón os crea.

Os crea mi corazón errante,
        mi paso voluntarioso,
        mi punta empinada de voz.
Os crean estas manos mías
                que acarician la tierra.
Sois el fondo de mi silueta
            que gesticula siglos y preguntas
            irguiendo tenaz su palabra
                            titubeante,
                su palabra
                        cierta.
Soy con vosotras acantilado cortante

> contra el cual el mar
bate su soledad de siempre.
> Islas mías, conmigo estáis,
> mi corazón os crea.

Os crea mi corazón que pasea su cuerpo
por esta piel vibrante del planeta
creyéndose eterno en la palabra,
infinito en el ansia de la sed
> que aguijonea
las largas horas de la penumbra,
las interminables horas de la espera.

Conmigo estáis, islas de mi niñez,
> islas de mi adolescencia,
islas de mi vida toda.

Conmigo estáis
porque yo soy vuestra isla en punta,
porque yo soy vuestra presencia en la ausencia,
porque yo soy vuestra poeta.

El recorrido

El recorrido es inmenso.
Es infancia de palmeras y mar,
risas y palomas en el viento de la isla,
y juventud de súbitos despertares de palabra
entre la lava y la tabaiba de los caminos.

La vida era entonces ágil cumbre
y horizonte abierto en la subida.

El recorrido era —es— inmenso.
El recorrido es de siglos en un instante azul,

en este instante de rostros de piedra
que no se someten al tiempo,
en monedas y medallas tan viejas como la vida.

Hacia atrás ahondamos al infinito.
Hacia adelante ahondamos al vacío.

El recorrido es
                    ahora,
                        aquí,
                            súbito ser,
                        breve y frágil,
                            glorioso;
músculo y ansia sintiendo su pálpito rotundo
            de energía
                y se es flor,
                    árbol,
                        roca,
                    mar,
                        fuego,
                            nube,
                                niño.

Se es poema, ser palpándose su siéndose,
                albricia pura.

El horizonte

En mi ventana cantan los pájaros
        su amanecer de trigos y veranos
            y hay como un aire nuevo
                        de brisas,
                como un salmo de horas
            festoneando de azul los ánimos.

La noche ha sido larga como un astro,
   rotunda en su negror apuñalado.
   El camino se hizo vericueto
y rictus amargo entre apesadumbrados álamos.

De la noche no había forma de salir,
   era un túnel de angustia
         horadando las cumbres y los valles,
      un pedrusco de hielo azotando
las jaras ilusionadas de los campos.
No había guiños de luz
                  ni barcas en las bahías.
Era todo como de agudo látigo.

Pero han vuelto amanecientes de canto
         a mi ventana los pájaros
      y la luz se adorna de campanas airosas
                  como nubes altas.

Está cantando en mis venas el poema
         su olvidada canción de brisa y palma.
Vuelve el mar a decir la azulada sal
            de su piel exacta
         y un ritmo antiguo de alegría
         alborota la playa de la casa
donde nuevos los niños juguetean
sus balones y muñecos de otras ansias
            y yo oigo entre los pliegues de mis sueños
como si alguien enredara sus deseos
            de arena limpia,
            de rizadas algas,
en el viento rotundo de mi cuerpo
            que afirma pie,
que pugna de frente su mirada.

Y voy.
Y vamos

caminando hacia un resquicio de luz
que reverbera horizonte en la distancia.

Cardiograma

Has visto reducido a un papel con zigzagueante raya
                    tu pálpito de vida.
Era como una larga playa de blanca arena
sobre la que las algas festonearan su tacto
y había —te han dicho— un murmullo,
            un zigzagueo distinto a los demás,
un alga que se salía del dibujo marcado
                y desarmonizaba el conjunto.
Y tú has mirado el dibujo del alga rebelde,
                era la de tu sueño,
        la que salía más allá del horizonte,
y acariciaste su dibujo diferente sobre la arena
sabiendo que su diseño,
                    cuando quisiera,
podría arrasar en un momento
        todo el fluir regular del cardiograma
                de tus horas
y proclamar para la noche un nuevo canto
            que no será el de ahora
pero que tendrá —ha de tenerlo— rocas y brezos,
            cumbres y retamas,
        tabaibas, verodes, tajinastes
                    y
                    mar,
mar para tu isla de siempre en la alborada.

El imposible juego

En blanca algarabía van las horas
por el tropel audaz del sueño,
azules en su risa, en su alegría,
ajenas al alud de los recuerdos.

Y en este aquí, en este instante,
no cabe ya volver sobre lo andado,
no cabe adentrarse en lo inventado;
está todo en el momento, en el presente.

Sueño es, sueño, rotundo sueño
este ahora voluntarioso y no soñado,
este coger al tiempo entre los dados
de un juego que no se sabe eternamente.

Ir así es ir pese a la noche
y al negro devenir de los obstáculos.
Pero ahora es así este trayecto
que afirma su contacto
con la nube y la ola, el sol y el canto,
aunque su voz no albergue armonías
de otras voces, otros tiempos, otros milagros
del poema recién nacido entre las manos.

Ahora. Aquí. Estoy. Estamos. En piña,
en puño, en racimo, en ramo,
en apretado devenir, en hondo abrazo,
que el cierzo está corriendo helado por el páramo.

Venid. Venid conmigo, amigos.
Venid sueños, paisajes, amados míos.
Venid todos conmigo hacia la luz.
Vayamos todos erguidos, esperanzados
hacia este voluntarioso amanecer
del sol entre los dormidos álamos.

Última soledad

Todo ahora exacto con su perfil,
                            su gesto,
                            su norte.
Exacta la retama en el monte,
        recta la tabaiba en la roca,
el tajinaste enhiesto en la cumbre,
        desnudo el acantilado sobre el mar.
    Solo en la soledad mi nombre.

        Consumada la trayectoria.
        La visión clara como la luz.

Este es el instante para el poema,
la poesía total de la palabra
y yo ya aquí no tengo señas
                            que me aten,
identidad que me acune.
La palabra sola,
        la soledad de la palabra
es mi único alimento
y no canto ya para indagar
ni para decir de mis gestos en otros gestos.
Ahora el canto es desnudo como el mar,
        es más que nunca isla-adentro
        que se sabe para siempre
                piedra virgen
                desasida
            ondeando su perfil
                por el cosmos.

Arcos triunfales

Arcos triunfales sobre la noche de otro sueño
se yerguen ahora potentes y empeñados

negando que en la batalla se había perdido
el sentimiento,
                    la luz,
              aquel sesgo alborozado de mi verso.

No hubo derrota. No me venció el tiempo
que tuvo otoño entre sus manos
y galopó enloquecido hacia un invierno
duro, devastador.
                        Todo fue un truco. Un invento
de viejas batallas simuladas por otros gestos
                    y otras palabras
que no eran mías.
                    Las mías eran palabras
que cantaban. Cantaban. Cantan.
Palabras que seguirán, mientras yo siga,
cantando entre la noche,
cantando a pleno día,
cantando desde la siempre madrugada de mi verso.

Y ese es el triunfo, el monumento que yergo
con mis manos, desde mi sangre,
    desde el hondón de mi poema,
para decir que sí, que fui, que soy,
          que estas son mis señas,
                    mis huellas,
    mi única posible identidad para la sombra
              y para la luz;
para la brisa suave de los tactos
y para el aguijón agudo de los gritos.

    Este es mi triunfo:
          palabra siempre viva,
          palabra siempre en ciernes.

TRASTERRADO MARZO

Luz de todas las cosas, iluminadme, para que yo trate dignamente a la luz.

LEONARDO DA VINCI

The best vitality cannot excel decay.

EMILY DICKINSON

Me ilumino de inmenso.

JUSEP UNGARETTI

abismo arriba, y en el fondo abismo;
¿qué es al fin lo que acaba y lo que queda?

ROSALÍA DE CASTRO

INTROITO

Es el pasar y es el canto

Pasó Machado, Rimbaud, Safo.
Pasó Bécquer y Garcilaso.
Pasó Rosalía la de Iria Flavia.

Pasó Quevedo, Rilke.
Pasó Fray Luis de León, el de la vida retirada.
Rubén, Manrique, Lorca,
                    Alfonsina y Delmira
fueron y pasaron,
                giran y están girando.

En las esferas donde la luz
tiene su instante repetido de fragancias
ellas están, ellos están.
La luz los derrocha de armonía
y cantan.
Están cantando su instante único

                              de palabra:

Hölderlin y Shakespeare,
Gabriela y Juana.

Todos en silencio van musitando

                         su voz

y la brisa la lleva por las ondas de los mares,
por los vacíos infinitos de los espacios.

San Juan, el de la suprema luz,
está sentado en el trono de voces
que armonizan todos los ámbitos.
Juan Ramón, el de Moguer,
acompaña al Santo de los
                            cantares.

Espíritu y pensamiento, Sor Juana Inés,
alza su voz en las alturas
y Emily en *inmortality*,
        segura ya, fija y eterna,
parpadea su pupila de luz
        sobre la senda
por donde todos los de la palabra
(Ungaretti, Montale, Lope, Verlaine, Dante...)
van, se miran, se reconocen
                    y cantan.
Es un canto sin tiempo,
        un canto sin materia
                ni espacio.
Todos están sin más allá,
        sin más acá,
                sin ser
y ya, para siempre,
                en luz,
                        siéndose.

ANDANTE

Canto a Castilla

> *Pero de toda España, Castilla es lo mejor.*
> Poema de Fernán González (¿1250-1270?)

A Lucía Riaño, poeta del órgano.

Castilla, voy por tus llanuras
acuchilladas de tiempo:
tomillos, zarzales, espliegos,
la rubia algarabía de los trigos,
la avena, el centeno,
la recia voz de los robles,
el álamo, la encina, el chopo,
el poderoso olmo
                    sobre el horizontal sueño.

Castilla, tus sobrios hombres,
tus calladas mujeres
enlazando siglos de historia
en las paredes, los tejados,
los cimborrios, las archivoltas,
los canecillos, los tímpanos,
las almenas, los palomares,
las espadañas con sus cigüeñas,

los pájaros en las torres
                    y los aleros.

Toda tú, Castilla, vibras
en el órgano que el tiempo
ha ido orquestando en tu valeroso seno
y tu música honda, plena y sencilla
—la soledad sonora de tu poeta—
enlaza su canto de ayer, de hoy,
su canto de siempre,
al ser que fue, que sigue siendo
                    y que será,
al ser que pulsa vida
        —eternidad—
entre las hierbas tenaces de tus caminos
y los insomnes azules de tus cielos.

Trasterrado marzo

> *Llorad, ojos, llorad mi desventura.*
> Liras a la muerte
> LEONOR DE LA CUEVA Y SILVA (siglo XVII)

Es otra luz la de este marzo frío
que inventa los recodos, afila las aristas
y rompe, con su sabor antiguo,
la calma de este norte sin son,
de este desvarío de horas sin relojes.

Trasterrado de sí este marzo lluvioso
que filtra su húmeda porfía
                    de otros marzos
por un diciembre doblemente homicida,
un diciembre que anuncia un invierno
eterno ya en los ánimos,

transido en las esquinas,
sin luz, sin fulgurantes alegrías.

Y es que marzo fue el origen
                              y la cumbre,
el comienzo de un ser en otro ser,
la pugna de una sangre de dos sangres
cantando su olor, su color, su volumen,
sus ansias empinadas de vida.
Fue la raíz, el ímpetu del comienzo,
el trayecto alborozado de las horas;
fue la luz fúlgida
                    del tacto de las cosas.

Pero ya no es. Ya no puede ser. Es otro
                              el son,
        otra la senda. Es ahora otra la luz
        que filtra débilmente sus rayos
        de diminuto júbilo
        en el persistente pie en pos de camino.

Marzo, trasterrado, late en un confín
ajeno a la pugnante algarabía de las horas
                    y discurre solitario,
silencioso, inmerso en diciembres
                    de acerados fríos,
en diciembres sin tactos de tiernas
                                        manos,
sin voces y consejos familiares,
sin padre,
          sin madre,
sin aquel reverberante hondón de luz
        en las ahora ateridas esquinas.

Sonidos

certidumbre de vida un ora nos avemos;
con llanto venimos, con llanto nos ymos.
Decir
FERNÁN SÁNCHEZ DE TALAVERA (siglo XIV-XV)

Aguda luz rota sobre el sonido.
Ululan los vientos antiguos
                    jaspeados sones,
voces vertiendo su estridente sol,
        ecos de ecos sobrios, sombríos.

Un remolino chirría su sesgo transparente
en el aire claro del mediodía.

¿De dónde viene este garabato de
                            voz?

¿Quién y en qué tiempo arrojó
                            este grito
que está apuñalando el silencio?

¿Qué desconcierto del cosmos
habita el infinito vacío de ruidos,
                        voces,
        sones,
                extrañas algarabías?

¿Qué dios sin dios rompe
            la secuencia armoniosa de las cosas?

Mi decálogo

que el corazón me vieses deseaba.
Soneto
JUANA DE ASBAJE Y RAMÍREZ DE CANTILLANA (1641-1695)

A Myriam Álvarez.

Lo mío siempre ha sido
                          los niños, los ancianos,
                                    los perros,
las flores, las plantas, las montañas,
                    el mar y el cielo,
                          el ser,
                    la poética palabra.

Con estas pocas cosas,
                    y familiares,
                              y amigos,
                                        que todavía están
y aquellos que se fueron sin saber cómo,
                    he ido atravesando las jornadas
          y aquí estoy, casi al final,
                    con el mismo asombro virgen del comienzo,
                              dispuesta a la postrera andadura
como si el sol aún fulgiera horizontes
y prístinas las cumbres ondearan
                                        sus cúspides,
          la isla toda un canto elevándose
                    sobre el azul en el azul,
pletórica, inédita, joven
                    como los hibiscos florecidos,
poderosos los rotundos cardones,
          suaves y ondeantes las plataneras,
las mimosas amarilleando los caminos,
                    la flor de pascua,
                              las retamas,
                                        los verodes,

la lava en siete cantos ascendentes,
                    el picón, la zahorra,
la infinita arena de las playas
                            y mi voz entre las voces de mi isla
                —de mis islas—
hecha ya roca, acantilado, brisa y viento,
                            áureo mástil de sueños.

Poema para Spec

> *El árbol tiembla al proceloso viento.*
> Soneto VIII
> LUIS CARRILLO DE MONTEMAYOR (1584-1610)

A Alicia Aldaya.

No temas, Spec, al viento
que hoy se filtra por los vanos
                            de la casa
que está evocando dulzuras
de otros días de alborada
cuando tú, perro pequeño,
eras niño blanco y plata
que corría por la cocina, el patio, la sala
                    y ella, madre inmensa,
festejaba tu alborozo
con su risa de agua clara.

Ya no está, Spec, contigo.
Conmigo no está, Spec.
Pero entre las infinitas sendas
de esta casa por ti y por mí habitada
                    quizás ella,
                    hoy ya viento,
                    brisa suave de mañana,
                    delicado son celeste,

        madre ausente,
haya venido a acunarnos
con sus sabias manos cálidas
que ya no podemos ver
pero que acarician
cada estancia de la casa
para que ambos la sintamos
            y sepamos, Spec, que aunque no está,
                        sí está
brizándonos con su luz nuestra morada.

No temas, Spec, al viento
que es su voz la que nos habla.

Mi presencia

> *Hay placeres, hay pesares,*
> *hay glorias, hay mil dolores.*
> Canción
> FLORENCIA DEL PINAR (siglo XV)

Clareo amaneceres por la casa:
sobre el sillón medito las palabras,
en la ducha intento la alegría
de un agua diáfana que alboree
la piel del sueño.
            En la cocina
pongo azafrán de fuego
            al guiso esperanzado de las horas
y preparo un mantel tan blanco,
                tan sin arrugas,
como si al ánimo no lo hubieran
            prendido de alfileres
y pudiera cantar.
            Traigo rosas de octubre

a los jarrones
                y un aire dulce y suave
invade el silencio de la casa.
No hay nadie que me diga
                que hay vacío,
que hay holguras.
                La casa está llena, plena,
                        rumorosamente habitada
y yo paseo por sus suelos,
                tanteo el cristal de sus ventanas,
                        acaricio sus calladas paredes,
me deslizo tiernamente por los muebles,
        abro todos los grifos
                y los oigo desgranar su agua clara.
Enciendo las lámparas
        y la luz mansamente se sienta
                        entre las cosas,
        se posa suave sobre las palmas de mis manos.
Prendo la radio y se golpean las voces
                anónimas contra el aire.
Del televisor —ahora vivo— salen cuerpos,
                                objetos, raros ritmos,
                                        signos de colores,
                        un alcanfor de luces,
                una pestaña oscura de niebla,
                un ronquido absurdo de siglos extraños.

Estoy aquí.
                Estoy en este titubeante tumulto
                        de tétricos tules
que ondean su gasa sobre el sueño
y me envuelve en sus celajes de escarcha.
Aquí estoy ahora.
        Aquí estaré después: presencia sin su siempre
                                [como un río.

Instantánea

> *Nuestra lengua es muy devota*
> *de la clara brevedad.*
> Octava rima de Garcilaso
> CRISTÓBAL DE CASTILLEJO (¿1490-1550?)

Temblor,
fulgor:
    el verso,
    el poema
    estremecido
        sobre

            el
            sueño.

Ser en mí

> *Tempestades se levantan,*
> *brama el mar, y la barquilla*
> *grande tormenta padece,*
> *de las olas combatidas.*
> Romance a una soledad
> SOR MARCELA DE SAN FÉLIX (1605-1688)

Sobre el frío y entre las cúspides
de esta fragmentada luz de ahora
el ser es suave,
           blando y tierno,
quizás hasta sea sutilmente sobrio
      en el decir.
Mas por dentro,
        en la piel del alma, ruge
su desconcierto y su sed de sombras,
        se empina en vano

275

                        como un poema
que dijera su palabra con tesón,
                y luego cae
                                flácidamente
en la calma mansa de las tardes.

Este ser, que quiere y no quiere ser,
que se oculta en las curvas del silencio,
en los pliegues de la luz,
        en el hueco húmedo del vacío
y en el tibio deslumbre de los días.

Este ser de mi ser de ahora es
                desconcierto infinito,
                        certeza pura.

La rota raíz

asis parten unos d'otros-commo la uña de la carne.
Mío Cid (1140)

Rota raíz en medio de las frondas,
mi padre, mi madre, hechos ya memoria,
enhiestos en mis pulsos, fulgurantes,
clamando su presencia entre mis cosas.

Yo los llevo clavados en los ojos
interiores de mis luces y sombras,
y hablo con sus gestos ya despojos
de la ternura de mi infancia honda.

Hoy ellos, sangre y huesos de mi sangre,
que esculpieron de rosas mi vereda,
son polvo de mi polvo estremecido,

son el fondo callado de mi canto,
son del rumor de mi mar el llanto,
son la rota raíz de mi ser vivo.

Poema de cumpleaños 1996

> *¡Oh, tú! Cuanto más rosa y más triunfante,*
> *teme: que la belleza son colores*
> *y fácil de morir todo accidente.*
> La rosa
> FRANCISCO LÓPEZ DE ZÁRATE (1580-1658)

Marzo, trece,
trasterrado son de otro confín,
ser de otro ser ya sin serse,
sangre de otra sangre sin sangre ya,
sin músculo ni sazón,
sin voz que ponga sílabas de palabras
en el blanco inmaculado de la página
que grita su orfandad de senda,
                su vacío de cuenco sin ternura,
                        de casa silenciosa
por donde no corre el azafrán
                                de la alegría
ni la brisa alborozada de las rosas
ni ese suave, sabio decir
                        de regazo y arrorró.

Marzo, trece,
guerra de su vida,
                ímpetu de su son,
albricia de su pura bondad.
Magnánima e inmensa.
Diminuta y eterna.

Madre en los recodos de las cosas,
en mi diaria partida,
                    en mi angustia,
                                en mis sueños,
en mis ojos,
                mi vientre,
mis pechos,
                mi cuenco de luz,
mi ser, mi verso.
Origen luminoso de mi yo,
        causa y razón
de este cuerpo titubeante
        de tierra
    —trasterrado yo—
    de tierra yéndose.

Silencio-nada

> *estoy fuera de mí, y estoy mirando.*
> Octavas
> LUISA SIGEA (¿1530-1560?)

Hoy, no.
Ahora, no.
Ya no, ya no más voces explicando,
analizando, argumentando,
proponiendo esta o aquella respuesta,
                                teoría,
                        ley o norma.

No más voces hoy aquí.
Sólo la sola voz inaudible del silencio
festoneando las hojas de los álamos
                de una plata fría y sedosa.
Sólo el silencio de las buganvillas gritando

jolgorios blancos, rosas, oros y rojos.
Sólo el silencio esponjoso de las nubes
        jugando al escondite con el ilusorio
            azul del cielo.
El césped hoy aquí verdeando
mis dedos con sus húmedas lenguas esmeraldas,
la sola soledad siguiendo sutiles sendas de sueños.

Sí, hoy, aquí
el silencio sin más voz
que esta nada suave, sorda, sosegada, sumisa,
                                cierta.

Perdida palabra

Aquel fuego de amar
que mis entrañas atiza
tal me tiene
ni me deja de quemar
ni me convierte en ceniza..
Coplas a su amiga
MARQUÉS DE ASTORGA (siglo XV)

Palabra perdida, inútil,
        sin sílabas que la sostengan,
sin son,
        sin voz.

Palabra deshilachada,
        silenciosa y encogida,
sin sal en las esquinas,
                tirada en cualquier rincón
                            de la casa,
sin saber ya nada de los balcones,
        del parto de la comida,

de su ritmo de mujer sana y fuerte,
            de su amanecer de alba.

Palabra como un recuerdo
            de niños en las estancias,
de aromas de café,
            de risas, de charlas,
de pasos alegres por las sendas de los días,
            de azul dios,
                        de alma.

Palabra, ¿a qué otro son?
            ¿a qué decir no imaginado?
¿a qué otros planetas con mano
                        y hombro en la ternura?
¿a qué otro cuenco de luz
                        en el amor?
            ¿a qué esperanza?

Palabra,
            ¿dónde, cuándo, cómo, quién,
            con qué decir palabra, palabras...?

La caída

> *Alegres horas de memorias tristes.*
> Soneto
> INARDA DE ARTEAGA (siglo XVI)

La aventura iba para este precipicio
pero el hueso joven, crujiente y fino,
            la sangre arbolada de ansias
            y el tenso músculo vibrante
habían creído ir hacia un albor
                        de amanecida

y tocaban avaros los guijarros
                          como si fueran rosas;
probaban frutalmente las amapolas de las veredas
y los trigos cimbreantes de las horas.
Se subían pletóricos a los antiguos
                          aleros de las palabras
y allí bebían deleitosamente
                          de aquellos que habían sido
y cuyas misteriosas voces
                          sesgaban de luz las tinieblas.
Hasta habían pensado poder añadir
                          su titubeante voz
a aquel gran concierto de los siglos
y ver
y sentir
          que las agudas esquinas
          y los recodos tortuosos
tenían allá en el centro
          como una blanda espiga,
          como una suave y aromada brisa
          cuya semilla florecía
                          en una total claridad transparente.

Relinchaba en su cenit el potro de la vida.

Detrás, debajo,
en una quebrada de la llanura,
en una oculta cueva en las cumbres,
en alguna solitaria playa,
                el precipicio esperaba,
                          quieto y seguro
        a que se acercaran
          —distraídamente—
        a que llegaran
          —inocentemente—
        a que dieran
          —irremediablemente—

el paso en falso
que les hundiría en la última,
en la postrera,
en la final caída.

Aún hay tiempo

Busca en el natural y si supieres
buscarlo, hallarás cuanto buscares;
no te canse mirarlo, y lo que viéres
conserva en los diseños que sacares.
De la imitación de la naturaleza
PABLO DE CÉSPEDES (1538-1591)

A Javier Peñas-Bermejo y Gena Johnson.

El sol cansado de poniente
camina entre el encaje seco e invernal
de los árboles.
Desde el coche, a ratos,
lo veo inmóvil,
hermosa calabaza
sobre el horizonte.
El cielo suave y tierno
con su piel de talco de bebé,
se sonroja de múltiples violetas,
azules, naranjas y algún atrevido verde.

No parece que el sol quisiera irse
a ninguna parte
aunque entre las rayas de la tarde
un gris plomizo anda como escondido
buscando montar al potro negro de la noche.

Es de necesidad que el sol se vaya

y deje a las estrellas su diminuta
                              risa
y a la luna su gancho de
                        pregunta
que crece lentamente.

Ya está. Se ha ido
quizás por yo quererlo captar entre palabras.
Dejó de festonear su oro entre los árboles
                                    de invierno.

Esperaremos.
La luna, las estrellas, el negro de la noche
        tardarán aún en venir.

Queda un resquicio de luz.

Aún hay tiempo.

El reloj

> *no hay quien a un padre llore como un hijo,*
> *ni quien a un hijo llore como un padre.*
> Soneto a Alonso Pérez de Montalbán
> ANTONIA JACINTA DE BARRERA (siglo XVII)

En el invierno crudo, la luz fría
corriendo en los relojes de la casa
donde antaño anidaba la alegría
con su cascada de sol, con la gracia
que alborotaba de risas el puchero,
se aromaba de madre en la terraza,
subía por aleros con jilgueros
y se hacía infinita entre las ramas.

Frío, helado, yerto y aterido
aquel roto tumulto de las horas
congeladas en gestos, en memorias
de un ayer que es ahora un ha sido,
un reloj que ha sepultado su trino,
su vital tictac, en un muerto olvido.

Es de allá

> *somos romeros que camino andamos.*
> Milagros de Nuestra Señora
> GONZALO DE BERCEO (¿1198-1247?)

Es de allá
         de donde el aire tiene un sulfuro distinto
y los gestos han perdido
                              su canción de alegría.
Es de donde el silencio se calla
                         su soledad más suya
y una mano, un tacto, un perfil de voces
no traspasa la gasa invisible de las
                                        hendiduras.

Es de allá
         de aquel ámbito infinito de astros,
de aquel norte sin son conocido,
         de aquel río sin agua y sin cauce.
De allí viene con su extraña caricia
                                        de noche,
         que atraganta las horas más claras
y las hunde en abismos sin nombre.

Es de allá
              y es aquí
donde hinca su daga más honda

en los ramos floridos del día.
Es aquí donde
           rompe los raudos caminos del tiempo
y clava su aguijón de frío en los pulsos.

Es de allá,
           de allá,
de otro norte, de otra brújula no nuestra
           que marca sendas desconocidas.
De allí viene,
              de allí viene
a buscar este polvo de sol aterido
           que rueda en vena, hueso y sangre
por nuestra huérfana geografía.
De allí viene, de allí viene
           y hacia allá se lleva
                         esta ciega luz que nos habita.

La catedral

> ... e fue maravillosa cosa
> que de la espina salió la rosa.
> Vida de Sta. María Egipciaca (siglo XIII)

Déjala que de pie la cumbre busque
alzándose en la punta de su sueño
desasida de todos y sin dueño:
tímpano, dintel, basamento y fuste.

Esta arquitectura de su ser siéndose
pórtico de días y arcos de noche
no tiene otro sillar que este derroche
de vieja piedra que está muriéndose.

Muriéndose, cimborrio en la altura

de una encristalada catedral gótica
que afinca su recia musculatura
creyendo que se talla en la albura
de una mítica isla exótica
donde está la luz libando dulzura.

El tiempo indemne

> *Todo lo muda el tiempo y lo renueva.*
> Al invierno
> MARIANA DE CARVAJAL Y SAAVEDRA (siglo XVII)

Hacia atrás miras las huellas
                          de los que son,
                de los que han sido,
los verdes montes con sus trazas de calles,
                          casas,
                                    puertos y plazas,
con su bullicio insólito de vida
                          y en los recodos y las
                                    [esquinas
sobre la luz sesgada de la tarde
o a la plena luz plomada de mediodía
          pasos, llantos, ansias y risas:
  el tiempo firme a plenitud entre las cosas.

Todo te dice de lo que ha sido
          y en ello hallas tu huella indemne,
tu ahora pisada en las pisadas
                          de los que fueron tu origen
                                    cercano,
tu remoto origen perdido entre las sendas.
Vienes de otros,
sientas tu planta en otra planta
que aquí estuvo ayer, en otro siglo,

en un inmemorial momento indefinido.
Y tú sabes que detrás de ti
          los otros fueron,
          los otros han sido
para que tú también te seas
     y marques tu impronta en el camino.

Segura estás entre estas trazas de ayer,
                    de hoy,
que simularon o fueron vida
     y puede tu ser, tu voz, tu palabra,
                    invocar la ofrenda.

Mas delante de ti, mañana,
      o en otro siglo,
o en un inmemorial momento del futuro
      tú no eres,
tú no tienes proyectos de ayer,
          claves que te marquen veredas
                         o atajos,
amplias carreteras hacia adelante.

Detrás, sabes que fueron y que has sido.
La certeza te sostiene sobre el polvo.
          Pero hacia delante no hay senda
                         marcada
          ni conocido camino,
                no hay verdes montes con sus plazas,
                         calles, gentes,
vida bulliciosa que fue tuya.

Hacia adelante en el ahora,
siglos o millares de siglos en el futuro,
      tú no puedes ver,
      tú no sabes ver
porque tú no tienes huellas ni raíces
y si adivinas o intentas figurarte

lo que será
no hay blancas piedras que te lleven
a seguro puerto
o que te marquen la senda.

Hacia adelante
para ti
—para los que ahora somos—
no existe el tiempo,
todo es abismo,
todo es vacío,
pero quizás el triunfo
sea que somos raíz
de los que siguen,
que somos su tiempo indemne,
su dudosa
pero segura
memoria aterida.

El viaje del mar

Nuestras vidas son los ríos
que van a dar en la mar..
Coplas
JORGE MANRIQUE (¿1440?-1479)

Sobre el cuadro infinito de las cosas
fulge el mar su incesante ir y venir
tan remoto y tan cercano
tan de entonces
y de ahora:
ola y alga en abrazado empeño,
arena y espuma en olorosa ansia
de ser,
de afirmar norte que no se pierda,

brújula que nos indique el camino
                                    hacia la meta,
proa que abra el sendero de la luz
y popa redonda y confiada que siga
                                    la estela
sobre la piel de las aguas.

Va el mar en su barco de horas,
                    hendido de mástiles,
                    hinchado de velas de viento,
                            álgido y esperanzado,
gimiente y alegre,
azul, oscuro, transparente,
                    batiendo su sincesar
                            contra los bordes de tierra que
                                        [lo contienen
y que configuran su ser cambiante
                            y eterno,
su palpitante sentirse ser siéndose
                en forma líquida, sólida,
                            matérica sensación
de infinita luz que se afianza
                    y se desprende;
· que se yergue en puntiaguda desazón
                y se hunde en licuada onda que mece
un vaivén repetido de horas sin fin.

Va este mar entre las cosas
                pintando su solitario ser
                        con colores de palabras
                                que intentan cantar,
que cantan,
            que quieren seguir cantando
su ola en pugna constante contra las rocas.

Isla mítica

Barca anclada en medio de la bruma,
              la isla está
palpitando adormecidos volcanes
                        en lo profundo
y ungida de vientos y sales del océano.
Nadie diría que por los surcos tajantes
                        de sus barrancos
no hace mucho corría el agua
                    alborozando
                        cantos rodados,
            hierbajos, alguna flor desprendida,
            alguna estrella que iba al mar.

La isla era una diosa prieta
                    y joven,
un ímpetu de canto hacia la cumbre
curtido de recios acantilados.

Única en su enhiesta esbeltez y audacia
        navegaba por los siglos de los siglos
sin vela y sin timón.
Estaba más allá o más acá
del espacio
        y de los designios del tiempo.
        Era infinita en presencia
              y en recuerdo.

Hoy,
        la isla,
barca anclada en medio de la bruma,
        está.
Difícilmente
              respira.

Mar última

Emulación ayer de las edades,
hoy cenizas, hoy vastas soledades..
A las ruinas de Itálica
RODRIGO CARO (1647-1743)

A Lalita Curbelo Barberán.

Sobre mi piel el canto de las horas,
las arrugas del sol que se enlutece,
veredas y barrancos con cipreses,
la noche que ha perdido sus auroras.

Avanza entre mis sueños alta y sola
la sola soledad que me sustenta,
que me acompaña con su voz atenta
a una mar sin playas, ni algas, ni olas.

En la cumbre ahora lejana el ruido
de retamas, hibiscos y mimosas
punteando de luz el suave sonido

de una inmensa mar entre las rocas,
de una mar ya sin espumas ni arenas,
de una mar ya infinita entre mis cosas.

La oscura lápida

Ya el alma desasida
de aquella vida que me dio esta vida
yace.
Al marqués de Velada
ANTONIA DE MENDOZA (siglo XVI)

Han pasado los días, las semanas.
Han pasado inexorables los años
y se ha acabado la brisa temprana
que acariciaba el hogar de antaño.

Aquellos tibios gestos de alborada
ya no enraciman de lumbre la casa,
ni aquella suave energía alcanza
a dar fuego de luz a mi palabra.

Pero yo sigo buscando por plazas,
calles, mercados, montes, cumbres, playas,
en la sonora isla de mi infancia,

a la madre que fue raíz y sol,
a la madre que ahora sólo es
una yerta luz detrás de una lápida.

Mi mano azul

> ¿soy acaso o soy quimera?
> ¿soy cosa fantaseada
> o soy un ser que no es nada,
> o fuera más que no fuera?
> Confusión
> GREGORIO SILVESTRE (¿1520?-1569)

A Ciriaco Morón Arroyo.

Mi mano azul, gesto en la brisa
y suben las cigarras del verano
su canto de mieses por las eras,
su ras-ras de siglos por el tiempo.

Mi mano azul, simple pretexto
de asir entre sus dedos al sol,
a la porfía enhiesta de las cumbres,
a la vertical pujanza de la tierra.

Mi mano azul. Mi mano.
Mi signo de preguntas, mi interrogación

absurda en el cosmos, mi sed.
Mi sed contra la página en
                              blanco.
Y este pequeño dios que pugna
estremecido, esta ardorosa lucha,
esta cigarra cantora que cree
                              en el verano,
en la luz, en la redonda
algarabía de las cosas.

Mi mano azul en la fatiga
que puebla a veces los espacios.
Mi mano acariciando esferas
que se turgen lumínicas contra
                     el vacío
y dicen de otras manos,
                 otras caricias azules
en la sombra,
         otros volúmenes tibios
         en los ateridos tactos.

Azul mi mano contra el frío.
Mi mano azul
         en el sin ton ni son
                     del viento.

Cenefas

> *¡Ay, que non era;*
> *mas, ay, que non hay*
> *quien de mí se duela¡*
> Cancionero anónimo (siglo XV)

Caminos del mar,
      caminos

donde las nubes
    al horizonte
        se unen
con cenefas
    de humo,
        de olvido.

Segundo autorretrato

Un retrato me has pedido.
Retrato
CATALINA CLARA RAMÍREZ DE GUZMÁN (1611-¿1670?)

La nutriente sangre
                fue la de los padres
en el desnudo alborozo del compartido deseo.

La guía,
        el maestro,
a cuyo cuidado creció el abecedario
                    de la palabra
                    y la voz,
                        fue el padre.

La madre fue el canto,
                    el regazo acompasado de las horas,
la mujer que se copió entera
                    en mi materia
y dio paso, sazón,
                y gloria de cuerpo de mujer
                    a mi cuerpo.

Fueron ellos los que enracimaron
                        de luz mis sueños
en el cuenco tibio y protector del hogar.

Sus gestos, sin yo saberlo,
        moldeaban los míos
y la isla toda era lumbre y cumbre
        porque ellos eran el tajinaste
                        y la lava;
                el hibisco
                        y la zahorra,
la retama
        y el picón.

Tierra y mar fue mi origen
        —mis padres—
que enlazaron su canto de amor
        —de vida—
para que brotara yo:
                        isla en pie de pugna,
                        palabra alucinada de siglos,
                        titubeante misterio de voz
                        prieta siempre de preguntas.

Interneteando

> *En el tiempo que prestado*
> *aqueste poder tuvieres*
> *afana cuanto pudieres*
> *en aquello que debieres,*
> *por ser de todos amado.*
> Coplas
> GÓMEZ MANRIQUE (¿1412-1490?)

A Candelas Gala.

El internet del sé, el qué,
        de allá y aquí.
        la red de quien lo sabe todo

295

con sus chips,
                con sus beeps,
con un software de vestidos suaves
        para ese masculino orden
                        ordenador
o esa femenina computadora
                que todo lo calcula
a golpe de te, me, se, de
        millones de vibraciones
de informáticas webpages y eudoras
de electrónicos mensajes
        que saltan prendida la pantalla,
que hablan con su metálica lengua
                                ordenada,
que brincan y contestan con tu voz:
soy ¿yo? ¿yo? ¿yo?
                        deje un mensaje,
deje, diga, hable,
        deme caliente, humana la mano,
sáquela de la pantalla
        y toque la mía
venga, venga que la quiero ver
                        bailar
                        saltar
                        y brincar
quiero hurgar en sus ojos,
        reírme en su cara,
oler cómo huele,
                llorar con sus lágrimas.
sentir que me siente
        que estamos
        interneteándonos todos con todos,
        tecleativamente computarizándonos
                en el cosmos,
                ordenándonos en la nada.

Poema para Tití Neno

> *túmulo de dolor grave y austero.*
> Soneto a la muerte de doña Isabel de Borbón
> BEATRIZ JIMÉNEZ CERDÁN (siglo XVII)

De Espronceda recordando aquel verso:
«que haya un cadáver más, qué importa al mundo»,
adagio tan certero, tan profundo,
decías medio en broma, medio en serio,
no sabiendo que la muerte al acecho
quería hacerte materia de difuntos
y que erraras solo, dando tumbos,
ajeno al calor de nuestro pecho.

¡Ateridas clamamos a los cielos!
¡Aterradas gritamos a los vientos!
¡De preguntas sajamos al misterio!:
¿dónde nuestro tío, dónde el consuelo
de su risa y de su parca ternura?
¿Dónde su abnegado, cumplido gesto...?

Momento

> *de arriba nos viene virtud y potencia.*
> Los doce triunfos de los doce apóstoles
> JUAN PADILLA EL CARTUJANO. (1468-1522)

Tictac de reloj en la mañana
                aún cálida
                        de noviembre.
Confusos ruidos se filtran por las ventanas
        y hacen su nido sonoro en la casa.
La calma,
        imperceptiblemente azul,

ha aposentado su sereno ser
en los resquicios de los ánimos.
La voz
perdida en los recodos de sí misma,
oye a lo lejos,
en lo cósmico,
su raro decir, su legendaria habla.

Todo está en orden.
En su sitio el rumor.
En su lugar el ansia.
Y el misterio
dormido
—como siempre—
en el velado abismo de la palabra.

Insomnio

Fuése mi sol y vino la tormenta.
Soneto II
HIPÓLITA DE NARVÁEZ (siglo XVII)

Negros muñones sobre el azul del frío,
lobos que aúllan,
murciélagos que arañan
la acidez de la noche.

Abismal y rota el ala
y el canto.
Gritan siniestras las cornejas.
Las heladas charcas
inundan de negror las sendas.

Es la hora de los rotos relojes,
de los yertos humores,

de los pozos sin fondo del espacio.
No huele a luz,
              a flor,
                     a canto.

No hay palabra ni voz.

        Por todas partes se oye
                    el punzón enloquecido
                            del delirio del viento.

La vela al viento

> *... me falta ya la lumbre*
> *de la esperanza.*
> Soneto XXXI
> GARCILASO DE LA VEGA (1503-1536)

A Biruté Ciplijauskaité.

¿Dónde va uno
              sin raíz ni norte,
sin ancestral comienzo,
              sin referencia cierta?

¿Dónde va uno
              sin madre,
              sin padre,
sin ojos que semejen otros ojos,
sin gestos que copien otros gestos,
sin voz que sea son de otras dos voces
              que hogaño conjuntaron
                su ardiente soledad
para serse dos en uno,
              para serse y no dejar de ser,

para que tú fueras y seas
                          y sigas siendo
porque ellos dos embarcaron sus altos sueños
                          en una barca de amor
con remos de ilusiones,
                          con popas de ternura,
con fogosas proas de simiente?

Y ahora,
          ¿dónde,
                    cuándo
                          y hacia qué puerto
va esta barca redonda
                          en una mar redonda
bajo un cielo redondo
                    sin fin y sin principio?

Todo es un latido inmenso,
                    amorfo
                    y sin recodos,
sin sendas y sin esquinas donde el dolor
                              abrigue su vacío
y la risa festonee de canto
                    los mástiles erguidos de dulzura.

¿Qué estela nos dice que hemos sido
                    trayecto hacia adelante?
¿Qué ancla nos sostiene asida
                    y a qué puerto?
¿Qué isla nos espera
                    aguda en el recuerdo
apuntando su pico sobre las espumosas nubes,
festejando retamas, violetas,
                    malvazules tajinastes
          de imposibles ensueños,
zahorra, picón, mar de lava,
                    azufres de cráteres soñolientos?

¿Dónde,
        dilo tú, Palabra,
dónde está la ardorosa desazón
                que abra camino,
el empuje ilusionado que haga siglos
                        de trayecto
hacia alguna suave, acogedora y tierna
                        mirada
que te sea familiar, entrañable, tuya?

¿Dónde está,
        dilo tú, Palabra,
la blanca vela que sepa henchir de futuro
                        al viento?

Sol mañanero

> *Marcio avié grant priessa de sus viñas lavrar*
> *priessa con podadores e priessa de cavar;*
> *los días e las noches fazielos iguar,*
> *face aves e bestias en celo entrar.*
> Descripción de los meses
> Libro de Alexandre (siglo XIII)

Un sol tierno, niño, mañanero
trae hoy a marzo de su mano.
Es un sol naciente, un vilano
que danza alegremente por el cielo.

Mi mes llega este año ligero,
sembrando en el surco tempranero
restallante de luz, ágil y sano,
lo que será trigo en el granero.

Si aún me queda algún marzo lisonjero
que estremezca con su sol a mi sangre
y me diga de su fuego que aún arde

yo quisiera que ese marzo en mi alero
tuviera recuerdos, voz y palabra
que olieran a trigo, a sol, a madre.

La no materia

sin yeso, sin piedra y lodo,
siendo de espíritu todo.
Romance a la soledad interior.
Sor Luisa de la Ascensión, La Monja de Carrión.
(1565-1648)

Es la materia en mí,
                                    es la materia
que configura el canto,
                                    el llanto
y el trayecto alborozado en la andadura.

Materia de dos en mí
                                    que sigue su curso hacia adelante
como si siempre fuera a ser el sol,
                                    fuera a ser la única voz
cuyo gesto no cayera nunca en el vacío.

Y aquí está
        —estoy—
siendo fulgor, amor
        entre los recodos del mismo camino
                                                        de ayer,
ajena a las trazas que el tiempo
        trata tenazmente de tallar
                    en la mirada,
                    en la piel,
en el paso titubeante de mi senda.

Afirmo materia de ellos en mí,
—este alborozado canto de su ser—
              y sigo.

Sigo: sobre la tierra el pie,
          sobre la página en blanco el signo,
          sobre el sueño de siempre

                        el misterio de la voz,
          el misterio aterido de la palabra.

Pero allá lejos,
              aquí cerca,
en cualquier recodo súbito del frío
        mi no materia,
                mi no gesto,
                      mi no palabra,
mi no ser ausente,
                    solo,
surcando otros contornos no matéricos,
                    no míos,
desprendida ya la sed,
                el sudor,
el llanto,
                el amor,
desprendida,
              inexistente como el aire,
mi voz de ahora,
              mi voz de ayer,
                            mi voz sin mí.
Mi voz: ya mar lo que fue río.

El trayecto de la noche

¡Cuántas veces te me has engalanado
clara y amiga noche! ¡Cuántas llena
de escuridad y espanto, la serena
mansedumbre del cielo me has turbado!
A la noche
FRANCISCO DE LA TORRE (¿1534-1594?)

Desfila certera, augural, la noche
sobre el canto sin palabras del abismo,
        —ajena a los dioses—
su manto de estrellas cubriendo el camino,
su gancho de luna
                creciendo en pregunta.

Y desde esta diminuta esfera enlutada
hay ojos que miran insomnes
                                su curso
y voces que claman su sed de desierto,
pero la noche se calla,
                        se escuda sin forma
en el cuerpo que oscuro nos cubre;
se adentra solemne en las rosas,
                apaga las luces de nardos e hibiscos
        y pone ceniza en la risa clara
                                de los niños.

No hay aún vestigios de grises,
                de azules, de blancos
que digan que la aurora existe
        y que volverán las albas terrestres
        a hacerse de nuevo mundo
para que la noche sólo sea
                un breve sueño oscuro
                        y que la luz,

—esa dulce hermosura del ánimo—
espere en la esquina su turno
                    para serse y sernos
          el empuje ilusionado de los siglos
que fueron, son, y serán
               nuestro renovado y constante amanecer
                              en las cumbres.

Las hojas amarillas de la morera

> *Mas el alma, como niña*
> *que la regalan y acallan,*
> *en lugar de alegres risas*
> *se convierte en vivas aguas.*
> Romance
> SOR MARÍA DE LA ANTIGUA (1566-1617)

Un aire suave, triste,
               desprende de la morera del jardín
las hojas amarillas
               que se adentran sigilosamente
como un tenue fulgor de oro
                         por la casa.
                                   Su luz,
                                   tamizada,
se acurruca un momento silenciosa
               en los sillones de la sala
y luego trepa imperceptiblemente
                         por las alfombras
parándose, transparente, entre las cortinas
para seguir, después, con su apenas tibior de lumbre
               por todas las estancias del hogar.

Al guiso que en la cocina borbotea esperanzado
le añade una nota dulce y casi nostálgica.

En las camas ribetea los embozos
de un olor y sabor a madre.
Por el estudio, entre los libros,
                en el severo escritorio,
en las páginas del cuaderno de versos,
        va dejando un leve gesto
                        de ausencia,
una tenue ternura que se mete
                entre la pluma y el papel
invadiendo lentamente
                        cada vocal
                        y cada consonante.

Se diría que las amarillentas hojas
que han vestido de otoño a la morera del jardín
han debido sentir no sé qué soledad vegetal,
no sé qué antiguo rumor,
no sé qué yerto y misterioso escalofrío
y por eso quizás
han entrado en la casa
                buscando algún calor,
                alguna salvadora presencia,
                alguna luz familiar,
                                honda,
                                        cercana.

Adelfas blancas

> *Y rrasón muy granada*
> *se dise en pocos versos.*
> Proverbios
> SEM TOB (¿1290-1369?)

Blancas en este amanecer de mayo
                las adelfas

bordean de luna el camino.

> Ocultos los astros sueñan.
> Cósmicos devienen los sentidos.

El paso no tiene norte preciso.
Van a su ritmo de plata las cosas.
Fríos cometas inmensos
>> trazan sus flechas certeras
>>> en el infinito.
Y hasta el sol —girasol celeste—
>> oculta su fuego
y es un río de hielo su curso.

No existen ni sendas
ni huellas de pasos que sean
>>> o hayan sido.
Un témpano de frío desfleca
sus fláccidos bordes sobre el abismo.

El globo azul y blanco

> *Alábente los cielos y la tiera*
> *¡oh, Hacedor del hombre!*
> Salmo LXXIV
> CONSTANCIA OSSORIO (1565-1637)

El globo terráqueo aquí lo acotan
>> y lo llaman China,
> allí lo circundan y lo llaman Japón,
más allá lo limitan y lo denominan España.

Los nombres no cesan,
>>> no cesan las cercas,
>>>> las verjas,
>>>>> las murallas

                         grandes o pequeñas,
las vallas,
                las rejas,
                       los muros que los hombres
han levantado en la tierra,
los nombres que unos y otros
            —en paz o casi siempre en guerra—
imponen a un trozo troceado del planeta
                              que llaman su patria,
                                     su país,
su ancestral origen entre cielo y mar.

Todos decimos que somos de aquí, de allá,
                       de donde la tabaiba,
                            el bambú, el ombú,
                                   la palma
hacen su particular ternura,
                          su raíz cierta.
Lo decimos, lo acotamos, le damos
                             palabra única,
                                   nuestra
para no ser seres desasidos,
         para no ser misterioso aire sin senda,
             para que no nos borren en vida,
                 para afirmar ilusos nuestras huellas.

Y el planeta azul y blanco,
                      desolado globo de cielo y luz
                          en el cosmos sin fin,
gira y gira
        ajeno a nuestros pequeños afanes
        de seres que claman cumbres de dulzura
        y perpetuidad de sol en las venas.

Sí, el planeta azul y blanco
                 que llamamos tierra
gira y gira

como siempre ha girado y girará
impertérrito y seguro,
ajeno a nuestros ateridos deseos de permanencia.

Otro viento

> *Si te falta la esperanza*
> *¿de quién te puedes valer*
> *asaltado de deseos*
> *que te embisten en tropel?*
> Romance amoroso
> CATALINA CLARA DE GUZMÁN (siglo XVI)

Otra vez el viento
huracana la casa.
Ha roto de cuajo las ventanas;
las puertas destrozadas
astillan las paredes, las alfombras,
los cálidos sillones de la ternura.

Este viento sin nombre
que hace tiempo asedia
con su punzante diente sonoro
la paz de las estancias
ha entrado en tropel
hasta los recodos mejor guardados
y no vale limpiar,
poner en orden,
simular sosiego,
traer algunas rosas del jardín
y sentar sobre las mesas
el dulzor perfumado de los jarrones.

El viento lo puede todo:
desdobla en agitación las manos

que reposan,
hace ríos de los cansados ojos
y al ánimo
lo arrastra sin compasión por los suelos.

Ya no se sabe bien
a qué se debe
este acerado ensañamiento del viento
contra la serena armonía del hogar.

Desde este caos creado en la casa
yo miro esperanzada
por si algún rayo de luz,
algún tibio roce de ala
se perfilara
tras el rojo hibisco del jardín
o
en el esbelto pino canario
que aquí se yergue
sin islas
y sin mar.

En celebración de abril

Allí cuando vienen las flores
o los árboles dan fruto
los leales amadores
este tiempo precian mucho.
Poema del Alfonso Onceno (siglo XIV)

Delicadamente, como un pecho de mujer
o como la suave piel de talco de un bebé,
abril se asoma al pleno sol de mediodía.
Trinos punteando de azul el cielo
y en las aceras que bordean las casas

310

el milagro insólito de los árboles
veteados de rosas, violetas, blancos
                              y verdes;
los pétalos acariciando por igual
                         troncos y ramas.
Una orgía de color
               dice su canto de perfume y tacto,
su osadía de vida renovada en los ánimos
                    y el trayecto, turgido de promesas,
                              sigue adelante
                    por la limpia acera enramada de
                              florecidos árboles.

El paso empeñado camina
                         por este abril hecho milagro
como si el tiempo
                    enhiesto y glorioso
cantara su eterna alegría
                    de savia alta y grande,
y el paso del ser que prosigue
                    no tuviera nunca término
sino que fuera árbol quieto y erguido
                    por donde corriera la flor
como un canto inacabado,
                    un dios en sus venas de árbol,
                    un dios por estas aceras de abril
               brotadas de luz y color,
                    de savia, de vida,
               de un ansia infinita en el alma.

Flor de jara junto al camino

Árboles, aves et hierbas,
los mundanos elementos,
a todos fazen contentos.
Canción a la fija del Duque de Milán.
JUAN DE TAPIA (¿1398-1460?)

I

Tardío julio ya en los resquicios
                          del camino.
Álamos cimbreantes de brisa
                          en el aire.
Solitarios olivos.
Mansos encinares acunando de sombra
                  el calor de los campos.
Los pinos
—redondos, maternales, que diría el poeta—
salpican los montes
de verdes sombrillas
bajo cuyas umbrosas caricias
                  las florecillas silvestres
siguen diciendo su apasionado canto.
Las malvas aún entonan su himno
                          violeta de alegría
y entre la maleza de la avena loca,
                  los zarzales y los cardos,
el arbusto de la jara ofrece al aire
                          su recio perfume.

Todos —flores, arbustos, sol y brisa—
                  se entienden,
                  se aprecian,
                  se entretienen y aman
mezclando sus jugos vitales
que se encargan de transportar

de aquí para allá
las incansables abejas
y los siempre nerviosos pájaros.

II

Yo, extraño ser enhiesto que observa
y que camina por estos campos,
he venido a ver las jaras,
para aspirar su olor
y henchir mi alma de su alma agreste.

Yo sé que a estas alturas del verano
se habrán secado sus flores
—esas caídas estrellas del cielo
sobre el verde de los campos,
que dijo la poeta—
pero yo sigo caminando entre las jaras,
manchándome los dedos con el espeso licor
de sus hojas
y sintiendo el roce áspero de sus ramas.

¡Oh, milagro!
He aquí una única flor de jara.
Una diminuta flor blanca y delicada,
el corazón de sus pétalos
de oscuros amarillos, negros y violetas,
está ondeando su cuerpecillo de estrella entre las hojas.
Ha resistido todos los soles, vientos
y tormentas de verano
para poder ahora desplegar su gozosa bandera de colores
ante mis ojos asombrados.

No ha sido en balde mi trayecto,
ni la esperanza recóndita de mi sueño:
ahí está,

pese a los embates constantes del tiempo,
                    ahí sigue
a la vera del camino
                la resistente,
                la voluntariosa,
                la diminuta
                        flor
                        de
                        la
                        jara.

Amanecer con pájaros

celos me da un pajarillo,
que remontámdose al cielo,
tanto en sí mismo se excede,
que deja burlado al viento.
El pajarillo
SOR GREGORIA FRANCISCA DE STA. TERESA (1653-1736)

¿Qué se estarán gozosamente diciendo
            en este amanecer de marzo los pájaros?
Trinan jubilosos sus arabescos sonoros
            contra el claro azul del aire
como acompañando a la luz insólita
                    —siempre insólita—
            de una recién nacida aurora.

Se sabe que la primavera está ya
                    a punto de capullo,
que en la brisa tibia de los días
                    los naranjos
esparcen la miel de su azahar,
                que el jazmín,
            esa blancura pequeña que dijo el poeta,

enreda a la ventana de la sala
                        su soleada dulzura,
que las rosas preparan entre sus tiernas hojas
            la sorpresa repetida
                        de sus multicolores pétalos,
que en cualquier resquicio de camino,
                        jardín o monte,
insignificantemente gloriosas
        las flores silvestres dicen de su canto
como si de pronto
            la tierra,
ese perdido globo azul y blanco en la distancia,
        echara a cantar a la mitad de su cuerpo
mientras la otra mitad se prepara
                con lentitud de oros, rojos y ocres
a dormir el breve sueño del invierno.

            Los pájaros
quizás hablen de su viaje de sur a norte,
            de su insistente ir y venir
                buscando la primavera.
Tal vez es que los pájaros
                sólo quieren bañarse siempre
                            en la luz,
quizás su cantarina charla
                sea su forma
                de afirmar la vida
                    que nace cada mañana.

Definitivamente,
            los pájaros son la primavera.

Respondiendo a Lope

Un soneto me manda a hacer Violante.
Soneto II
LOPE DE VEGA Y CARPIO (1562-1635)

Me sugiere Lope que haga un soneto.
Quisiera complacer al gran poeta
aunque sé que mi voz no se sujeta
fácilmente a tan difícil reto.

Como él, no sé si hallaré consonante
aunque ya esté en mitad de otro cuarteto
pero si llegara al primer terceto
quizás sabría seguir adelante.

Con tino parece que voy entrando
en el rompecabezas de este juego
y confieso que me está gustando

alimentar de esta manera mi ego
al ir los trece versos acabando
igual que acaba el agua con el fuego.

Sesenta cumpleaños

El verdor tuyo nunca el lustre pierde,
ni se enturbia el candor de su corriente;
firme está tu invencible fortaleza.
Soneto al desierto de Buçaco
BERNARDA FERREIRA DE LA CERDA (¿1595?)

El tiempo, vigilante silencioso de las horas
                            en el calendario de los días,
marca una nueva arruga,

una flaccidez más en las mejillas,
un titubeo de gestos,
un leve cansancio en las pupilas.

Sesenta ya los otoños, los veranos,
                    los inviernos.
Sesenta ya las primaveras que porfían
su paso enhiesto en la penumbra,
su paso imparable hacia otro cosmos,
                    hacia un no ser de este ser,
                    hacia un olvido.

La sangre de otra sangre
—marzo trece, el país en guerra—
          aún se yergue,
          aún se canta a sí misma
                    la canción de los trayectos,
aún inaugura sus primaveras,
          aún se alza,
          aún se anima.

La sangre de una mujer
          en otra mujer renacida,
hoy celebra sesenta años,
hoy prolonga en sus venas,
                    huesos
                        y hálito
aquel poema de amor
          de aquella madre
          que le dio palabra y voz,
de aquella madre que le dio la vida.

La posible santidad

La noche sosegada
en par de los levantes de la aurora,
la música callada,
la soledad sonora.
Canciones del alma
SAN JUAN DE LA CRUZ (1542-1591)

Suavidad de este son que se somete
a los arduos enjambres de los días,
que sigue pugnando su fiel porfía
entre la luz y la sombra de la gente.

Mansedumbre del canto que no para
a pesar de los golpes y heridas
que va el tiempo esculpiendo en el alma
con los surcos profundos de la vida.

Sumisión insumisa la de este canto
que se yergue vencido en las alturas
o se hunde altanero en el abismo,

mientras sigue afirmando que en sí mismo
en su sesgo de luz, en sus alburas,
está lo que es eterno, lo que es santo.

Cardones en flor

La primavera hermosa
bella madre de las flores,
viene esparciendo amores.
Canciones
PEDRO SOTO DE ROJAS (1590-1655)

Los cardones graves, erguidos,
        hurraños al tacto acariciador de las manos,
bordean el acantilado

con sus mástiles enhiestos de verdura.
Estos cactus tan severos,
    tan verticales sobre la negra lava,
        apuntalan de decisión,
                de empeño,
cualquier falsa blandura del terreno.
Ellos, saetas ancladas a las rocas,
        saben de vaivenes,
      de titubeos y desánimos
pero no se rinden.
          Esperan.
          Confían.
Y hoy, como un milagro,
    entre las ariscas púas protectoras
ha florecido, golosa de abejas,
    la miel nevada de su flor,
    la blanca algarabía de su sueño.

Sol y niebla

> *Ni basta disimular*
> *ni fingir contentamiento,*
> *qu'el rabioso pensamiento*
> *revienta por se mostrar.*
> Coplas
> ISABEL DE VEGA (siglo XVI)

Gasa húmeda y suave,
        la niebla
algodona esta mañana de enero
    la carretera por donde voy
        hacia no sé qué futuro.
Los arbustos desdibujados pasan
        soñolientos y rápidos
a ambos costados del coche.

Dentro de este fanal de sueño
                    —que diría el poeta—
          resquicios, aristas y esquinas
tienen una blandura de útero
                    que acuna y protege.
Sería fácil dejarse ir en esta dulzura,
          no sentir la aguda aguja del pensamiento,
          el aguijón indagador de la luz.
Ahora se podría creer que la niebla
                    le puede al sol;
que su textura de estambre frío
venda los casos y las cosas,
                    que los suaviza
          y su no ser es ya
                    no querer,
                    no porfiar,
                    no erguirse solo contra el vacío,
                    no pugnar enhiestos cuerpos en la
                              [penumbra,
no afirmar un sol rotundo,
un sol abrasador como la vida,
un sol prieto y potente, inaccesible al ojo desnudo,
pero que sigue clavando en mí
                    su poderosa
                         y penetrante
                              pupila.

Rosas en diciembre

> *Púrpura ostenta, disimula nieve,*
> *entre malezas peregrina rosa.*
> Soneto
> ISABEL DE CASTRO ANDRADE (1562?-1595)

Las pocas rosas que aún quedan en el jardín
          con sus colores suaves, casi desvaídos,

me guiñan débilmente sus cuerpos perfumados.
Hace frío.
Llueve.
Veo como el viento las azota
                con su látigo de sombras.
Las rosas del jardín están ateridas
                aunque sigan diciendo de arreboles
    y recuerdos pletóricos de estíos.
Los pájaros, esos brillantes cantores de la brisa,
no quieren ya posarse en sus pétalos
              tal vez porque la miel
              ahora es sólo hiel y vacío.

Las rosas del jardín aún ondean
       sus débiles colores por los aires,
aún, audaces, se yerguen en la penumbra
       del eterno diciembre de los ánimos
y pugnan sus pobres pétalos dormidos
           hacia otro despertar
de luces y fulgores,
     de animoso paso,
             de sendas,
               de cantos,
de caminos que lleven en sus bordes
              primaveras,
alguna retama en flor,
          algún hibisco,
el amarillo arrullo de las mimosas,
         el imposible olvido.

Las rosas del jardín
           están aún hermosas
a pesar de los vientos,
         las lluvias
y los agudos granizos del invierno.
Enhiestas sostienen sus colores
      contra las sombras del recuerdo

y vivas esperan a marzo con sus brotes.

Las rosas de diciembre no se rinden.

La patria común

> *Cono ajutorio de nuestro dueno dueno*
> *Christo dueno Salvatore qual dueno get*
> *ena honore e qual dueno tienet ela man-*
> *datione cono Patre cono Spiritu Sancto*
> *enos sieculos de los sieculos. Facanos*
> *Deus Omnipotes tal serbitio fere ke de-*
> *nante ela sua face gaudioso segamus.*
> *Amen.*
> Glosas de San Millán
> Códice Aemilianensis 60, p. 72 (siglo XI)

Titubeó allá en la ancha Castilla
                sus primeros nombres,
sus nuevos sonidos, raíces de los que ahora
                somos y hablamos,
y como bebé incipiente
                fue dando débiles pasos
en los seres que estrenaban sin saberlo
                la nueva lengua,
la nueva forma de decir su son y su huella.
Se acurrucó en los hogares,
                subió a los púlpitos,
estuvo porfiando vida en los mercados,
jugueteó traviesa en los labios de los niños.
Creció. Se hizo adulta y entró en los sesudos
                sesos de los monjes,
       en la cuidadosa piel del pergamino
y allí, siglo tras siglo,
                fue afirmando su cuerpo

y paso.
                    Llegó a ser cumbre nombradora
                         de todo lo humano
                         y de todo lo divino.
Humana fue en el Cid y en el Arcipreste,
en Manrique y en Garcilaso.
Divina en Berceo,
                    en San Juan,
en Santa Teresa.
                    Supo ser unión y lazo,
                    gozo y dolor,
historia de unas mujeres y hombres
                    que compartieron
                    tiempo,
                    país,
                    vida.

A los que osaron
                    internarse en el misterio del mar
y arribaron sorprendidos
                              a otras tierras
con otros nombres, gestos, historias y olvidos,
los acompañó a nombrar el nuevo mundo
con los nombres que eran suyos desde siglos.
Y la lengua se irguió con sesgos hasta entonces
                              [desconocidos.
Lejos quedaban, San Millán,
                              los monjes,
                    los concilios,
las guerras entre moros y cristianos.
          Era otra vida.

Pero la lengua materna,
          ese mar de luz y sombra que nos guía,
siguió inexorable su curso
          por la geografía recién descubierta
                    y unió —pese a los pesares—

323

a razas, pueblos y gentes
                    que hoy dicen:
                              «soy, afirmo mi ser»
en colombiano,
            chileno,
                    mexicano,
                              salvadoreño,
en cubano,
            costarricense,
                        uruguayo,
                                portorriqueño,
en boliviano,
            peruano,
                    panameño,
                              ecuatoriano,
en guatemalteco,
            paraguayo,
                        nicaragüense,
                                venezolano,
en argentino,
            hondureño,
                    dominicano;
lo decimos todos, unos y otros:
        Bécquer y Borges
        Darío y Lorca,
        Sor Juana y Rosalía
        Machado y Vallejo
            lo dicen,
lo decimos todos en un mismo idioma
        —nuestra patria común—
            el castellano.

FINALE

Curso de mi palabra

Y mi palabra ya fue, ya es
        un son de vida retirada.

Y mi palabra es, ya fue,
        un río a cuyo mar
        irán sus aguas.

Y mi palabra es un nemoroso canto,
un llanto de salicio en la espesura,
una bella ilusión que alegre muere,
una dulce ficción que penosa vive.

Y mi palabra es, ya fue, será
la noche sosegada, la soledad sonora,
el aire que da vuelo y enamora.

Y mi palabra
                es mi amada para mí
y yo ya soy, ya fui, y yo seré su amada.

Luciérnaga que entre el musgo brilla,
gigante ola que bramando vive,
lira que gozosa canta

mi palabra ya fue, ya es, será
              enhiesta isla entre las algas.

Mi palabra
        una polvorienta vereda enamorada,
una sombra,
                una luz,
un ansia
              ya fue,
                        ya es,
                                  será
una porfiada pugna,
                una gloriosa rosa,
          la claroscura nada.